U0068254

原住民與漢族學童
作文病句比較探討

曾振源　著

序

　　說話的時候，難免會有口誤的情形，發生一兩次是在所難免。而說錯話是很好改的；但如果在創作文章時發生的錯誤，就很難改了！國小學童在文章中常見的錯誤有：詞類誤用、用詞不當、生造詞語……等，是眾多教學者極力在探討的對象。而作文病句中，詞語運用不當、句子結構紊亂與語意表達含混等都是讓教學者極為頭疼的問題。而在原漢學童作文病句中又有某些差異，如何透過合適的教學方法進行個別加強改善必須經由大家的努力，從拉近母語的距離與強化熟悉度、提高運用的頻率與改善教學現場的氛圍以及加強教師專業技能與提供學童觀摩改進的機會等層面著手，讓這樣的差異得以消弭，連同所有的病句一併減少。而最好能強化美句教學，以便可以進一步讓學童將病句轉為美句，從此樂在寫作中。

　　「能夠寫完實在不容易」，進行這份理論建構的研究過程中，是我人生角色改變最劇的時期，除了扮演學生、教師，還得扮演丈夫與父親的角色，這一段時間真的太精彩了。謝謝我的太太──愛美，在我到臺東上課的時間照顧我們的小寶貝（開歆、紘砥）；當我回到家時擔心我是否有體力完成進度，感謝有你，在我背後默默的支持。更感謝周慶華老師在我「擠」不出內容時，不論早晨還是夜深人靜了，老師仍然在語教所辦公室等我；細心的指導我、並提供我許多寶貴的資料與方法，好讓我能夠順利的完成。

　　還要感謝我工作上的夥伴──崁頂國小團對全體同仁，田校長、吳主任、瑞蓮、周大哥……在研究進行中各項資源的大力支持；感謝億載國小林韋仁老師、文元國小史益山老師、南王國小金粟校長提供現成的學童作文語料。

　　一份研究的產出實屬不易，要感謝太多人，在此由衷謝謝直接或間接參與這項研究的每一位朋友，謝謝大家。

曾振源謹誌

2010.07

目　錄

圖　次

表　次

第一章　緒論

第一節　研究動機

　　暑假結束了，學生們把暑假該完成的作業繳交給老師，大部分的作業都能完成，唯獨「作文」缺交的學生比例最為嚴重。每位學生需完成的作文篇數不多，只要完成六篇即可。雖然班上學生數少，但是老師批改作文卻一點也不輕鬆。舉例來說，「太晚起床會來不及早餐」（A，T-1-01-04）、「今天早上我早餐」（L，P-1-01-07）、「樹上落下一枝葉子」（A，T-1-10-02）、「爸爸的職業是一個軍人」（I，P-2-05-05）、「相處了一年的時間，感覺老師既溫柔又嚴格」（C，T-2-09-04）、「曾老師是好老師，我覺得他既嚴格又認真」（I，P-2-04-05），以上這幾組句子中都有錯誤的地方。老師雖然可以指導學生將錯誤的句子改掉，成為通順且符合文意的句子，但是經過仔細分析後，就會發現這幾組句子還有些微的不同。那麼造成這些不同的原因為何？是家庭的因素嗎？還是學童本身的資質嗎？或是學童與學童的族群差異？

　　近年來，學生作文常出現語意不明、文句結構紊亂的情形，作文能力逐漸低落，令人感到憂心，因此加強語文能力成為當務之急。曾雅文認為在中小學時期，本國語文領域必須注重學生語文能力的訓練，待學生進入更高的教育階段或邁入社會後才想要補救，為時已晚。（曾雅文，2004：5）所以在教學中，教師應就學童文句所產生錯誤給予正確的指導，以利於往後的學習。

　　教育部九年一貫課程綱要中明白指出：本國語文的基本理念在於培養學生正確理解和應用本國語言文字的能力。（教育部，2003：21）為達到此理念，在國小語文教學中，教師透過聽、說、讀、寫的練習，培養學童能充分運用語文來進行學習和表達。而作文正是統合聽、說、讀、寫等能力的實踐，也是最能檢驗出學生語文能力的指標，因為作文必須

能妥善運用所學的詞彙及文句，將心中所欲表達的話以合理的邏輯、正確的文法結構，書寫出句子、組合成段落，再構成完整的文章。（孫麗翎，1988）因此，作文能力的好壞與語文能力的高低有直接的相關。

　　桂詩春曾就語言錯誤的重要性提出以下省思：「究竟什麼是語言錯誤？學生為什麼會犯語言錯誤？教師應採取什麼態度去對待語言錯誤？」（桂詩春，1995：64）在學生語文能力的習得過程中，教師對於「語言錯誤」的認知決定了能否給予學生適時的引導，並藉此提升學生的語感。正因學生在語文學習的過程中免不了會發生錯誤，因此如何避免錯誤發生而有助於學習的效力，是很重要的。王希杰也指出：語言學不但應當研究合乎語法常規的句子，還應當研究不合乎語法的病句。他認為針對在語言運用中出現的語言錯誤現象進行描述與研究，除了可以充實現代語言學的研究內容外，還可藉此指導人們如何恰當地使用語言。（王希杰，1995：12）因此，研究學生的病句是作為一個語文教育的研究者所應擔起的任務。

　　我個人一直都在偏遠的山地小學服務，每天接觸到的幾乎都是原住民的學童。面對原住民學童作文的指導與批閱常有幫不上忙的感覺！例如：「這一次的演講比賽，我有願望得獎」（I，P-2-09-06）、「全班同學很累的在打掃，沒有人偷懶」（I，P-2-04-04）、「他因為很黑，所以常常曬太陽」（I，P-2-11-03）、「他說你吃蘋果還是牛肉？」（L，P-1-01-05）這些病句，在原住民學童的作文簿中經常發生。我常與學校的先進討論，原住民學童的作文程度為何很難提升？而且出現病句的頻率極大？在我的印象中，每次批改作文後都會把學童的美言佳句圈選出來，但是批改完原住民學童的作文後，往往找不到一兩段或一兩句寫得較佳的地方！最後給學生的評語竟是：「請你好好思考題目，然後重寫。」

　　教育部九年一貫課程綱要中指出：發展原住民語文能力必須能了解原住民族與臺灣其他族群語言拼音系統的差異，進而學習原住民優美的語文內容。（教育部，2003：109）在國小語文教學中，期待能以族語拼音創作，且以族語拼音轉譯其他語文。但是在教學現場的原住民族族語教學，大多以單字教學為主，整句與整段的文章教學創作仍無法達到，更不用談到「以族語拼音轉譯其他語文」。

　　平地學童可以到作文補習班加強學習，但是平地學童的作文程度不見得會因此提升許多，作文病句還是會發生。有些作文補習班常把發生病句的責任推給老師，理由是：級任老師沒把班上學生教好。聽到這樣的結論，真讓教學現場的老師們洩氣。可是偏遠地區的學童該怎麼辦？八年的教學過程中，我常試著以不同的方法去指導原住民學童寫作，但效果往往卻令人難以滿意！我努力回想自己從小到大養成教育的過程，是不是與我現在任教的地方相同？然而全盤使用指導平地學童的寫作方法去指導原住民學童適合嗎？同樣一種寫作方法可以運用在原漢學童的身上嗎？先前已經有許多學者在了解作文病句的問題，但是能將原住民學童與平地學童的作文取來作對比研究的資料實在少之又少。該如何因應原漢學童作文病句問題，對症下藥，解決自己工作的困難，也為教學現場辛苦的夥伴貢獻一點心力，是本次研究的動機。

第二節　研究目的與研究方法

　　人類能日新月異地進步，是靠著不斷吸收新知和傳播新知。文字的表達能力與解讀能力實是人類進步的基本條件。可是今天，我們發現許多專業科目介紹性書籍其文字經常辭不達意，例如一本簡單的電腦入門書籍，其說明語言時常語意不清，外行人剛接觸時，以為是電腦過於深奧，待入門後，才發現是人腦傳遞訊息出現障礙。所以訓練一般人把立意清楚、明確、簡潔表諸文字，實是當今語文教育的一大課題。本研究的目的在於：（一）探討原漢學童作文病句的差異原因。（二）探討原漢學童作文病句的補救途徑。語文是最常用的工具，善於說話，文筆優秀的人，不論從事那個行業都佔盡了便宜；而說話和寫作的訓練是很重要的。陸士楠《小學生作文病句修改 1000 例》提到修改病句有四步驟：查清病狀、分析病因、仔細修改、認真檢查。（陸士楠，1993）我認為這樣的修改病句方式不夠完整，況且同樣的一種方法真的適合用在原漢學童的作文病句上嗎？作文病句的產生

一定有潛伏的因素，要治好它絕非僅僅適用單一辦法。我們應該從整個大環境去了解，先探索原漢學童寫作的心理因素，觀察整個社會對教育、寫作有什麼樣的阻礙，進而分析原漢學童作文病句的形成原因、歸納原漢學童作文病句的種類，最後提出實際的改善策略。如此一來，可使原漢學童作文病句的診斷有價值，對教育工作者與家長有所交代，更讓我自己能夠提升教學知能。

　　研究目的確立後，再來要談及研究方法。研究可分為理論建構與實證研究兩大類。周慶華《語文研究法》中指出：

　　理論建構著重演繹推理，實證研究著重歸納分析，合而成就語文研究「在世存有」的動態及其靜態成果的樣相。（周慶華，2004：4）

　　本研究的類型為「理論建構」。「理論建構」在周慶華《語文研究法》中有所解說：

　　理論建構，講究創新。大致上從概念的設定開始，經由命題的建立到命題的演繹及其相關條件的配置等程序而完成一套具體系且有創意的論說。（周慶華，2004：329）

　　研究類型確立後，必須將概念設定、命題建立、命題演繹這三個步驟說明清楚。本研究的理論建構情況可以表列如下：

表 1-2-1　本研究理論建構表

原漢學童作文病句比較探討	概念設定	1. 原漢學童	概念一
		2. 作文病句	概念二
	命題建立	1. 作文病句有特定的類型與產生時機	命題一
		2. 原漢學童作文病句有差異	命題二
		3. 原漢學童作文病句的差異有特殊原因	命題三
		4. 原漢學童作文病句必須找到補救途徑	命題四
	命題演繹	1. 原漢學童作文病句的研究成果，可以進一步透過抒情性美句的教學來轉化昇華效應	演繹一

| | | 2. 原漢學童作文病句的研究成果，可以進一步透過說理性美句的教學來轉化昇華效應 | 演繹二 |
| | | 3. 原漢學童作文病句的研究成果，可以進一步透過敘事性美句的教學來轉化昇華效應 | 演繹三 |

　　工欲善其事，必先利其器。在理論建構的每一環節都需要選擇適當的研究方法，為研究內容作最佳的闡釋。本研究目的是要探討原漢學童作文病句的差異原因，及探討原漢學童作文病句的補救途徑，因此蒐集病句與分析病句是必要的工作；除此之外尚需倚賴現象主義方法、語言學方法、心理學方法、比較語言學方法、社會學方法、修辭學方法等。

　　在第二章文獻探討的部分採用現象主義方法。現象主義方法所指為經驗所及的對象都可稱為現象，都是研究的範疇。（周慶華，2004：94-95）此研究方法不同於現象學方法、觀念論方法的現象觀。現象學方法處理「意識」的部分，所謂「意識」可舉例來說，當我們看到一個保特瓶中有水，令我們想喝水，「想喝水」就是「意識」；觀念論方法的現象觀指的是事物的表象，保特瓶本身就是一個「表象」；現象主義處理的不同於前二者，它只取個人經驗到、看到、找到的部分。在本研究中將以此探討所經驗到的相關文獻：包括原漢學童在寫作時或多或少會產生病句，而原漢學童寫作時各涉及不同的社會、心理等寫作流程，必須因應不同類型的學習者提出改進方法，以及有關原漢學童作文病句的形成推斷與研究；還有原漢學童作文病句的分類，原漢學童作文病句相關因素的差異，相關研究提出的補救的辦法能不能同時解決原漢學童作文病句的問題？這些都是我所涉及的相關研究，準備帶進來探討。

　　檢視過文獻後，第三章談的是作文病句的定義。作文病句有哪些類型？還有作文病句的產生時機。語言是媒介，使人可以有所互動、溝通。語言不只單一形式，可以有聲音，以口說話；也可以有文字代替聲音，形諸筆墨。（孟樊，1998：01-02）語言具有社會功能，可作為人際交流的工具，也是思維展現的形式。（葉蜚聲、余通鏘，1998：7-14）語言是符號，符號包含形式和意義，這二者都受到社會約定俗成的影響。語

言當中有不同單位，如語素、詞、句子等。語素是最小的單位，如：黑、板。句子是符號與符號組裝起來的成品。語言符號有任意性和線條性的特質：任意性指音義結合是任意的，而符號又是社會約定俗成產生，不能隨意更改，隨意改變音義的結合關係會製造錯誤與誤會；線條性指符號要一個一個相接，組成不同的結構。從線條性來看語言是有組織、有條理的，具有任意性但不能隨意亂改。語言中的詞是材料，當根據表達的需要把詞與詞相組合成句子，就可以有交際的功用。（同上，31-34）語言學方法是從科學的角度研究語言的學問。（湯廷池，1993：1）語言學方法研究的對象是有關語言的語音、語義、語法，正是本研究診斷原漢學童病句所需要的，因此第三章採用語言學方法進行。

　　「作文」是綜合能力的表現。一個人的內在思想、組織力、創造力、表達力，都能在字裡行間表露無遺。但是要把文章寫得通順，並不是一蹴可幾的。我常發現學生上作文課就愁眉苦臉；才看到作文題目，不是面面相覷，不知如何下筆，就是望著天花板發呆，或東張西望苦無救兵。下課時間到了，只好東拉西湊，草率交卷。上述的情形我在都市中的小學常見到；在偏遠的地區更是如此！中文是平地學童的第一語言，學習上應比較容易。但是如果原住民學童的第一語言非中文，作文能力是不是會顯得比較不足？「最近在新聞上場播出有許多火災的事件，每次一看到那黑炭般被燒過的房子，就會想到那熊熊烈火在吞噬房子，正因為這樣死傷慘重，我真想問問那些人，發生火災時，知道該怎麼辦嗎？」（2009.08.17）「夏天到了，殘酷的考驗來臨了，暑假的作業多多，炎熱的天空熱熱熱，雖是這樣的熱，但是夏天也有最棒的享受，是冬天作不到的喔！」（2009.07.13）上述兩組句子中，雖然都知道有出現病句的地方，但是該如何去分辨病句與病句的差異。單從病句的種類去分析，我覺得仍不足以解決原漢學童作文病句差異的問題，需要從原漢學童作文詞語運用不當、原漢學童作文句子結構紊亂、原漢學童作文語意表達含混等三方面去著手。所以第四章將探討原漢學童作文病句的差異。病句是具體存在的事物，而病句的產生是因為語文先備經驗不足、能力不足……等等的因素造成。能力不足就無法創作出優美的文章，而文章中病句的發生機率也會大為提高，並且作文病句的類型是否因為族群不同

而有所差異？因此，本章將利用比較語言學方法來探討原漢學童作文病句的差異現象。

　　探討完原漢學童作文病句的差異後，第五章所談的是原漢學童作文病句差異的成因。在作文運思時，最重要而且艱苦的工作不在搜尋材料，而是在有了材料之後，如何將它們加以選擇與安排。這就等於說，給它們一個完整有生命的形式。材料只是生糙的鋼鐵，選擇與安排才顯出藝術的錘鍊刻劃。就生糙的材料，世間可想到可說出的話大體上都已經有前人想過說過；然而後來人卻不能因此就不去想不去說，因為每個人有他的特殊的生活情境與經驗。（朱光潛，2001：18）寫作的過程與病句的出現在行為主義心理學來說是刺激—反應的呈現，在認知主義心理學來說是訊息說入與說出的解碼與儲碼過程，不同對象在收到寫作訊息時將有內在各自不同的解讀，然而表現出個人的成果。為了要了解這些特殊的情境與經驗，就必須以心理學方法來論述。所謂心理學方法，不同於原意所說的研究心理現象，而是指語文現象或以語文形式存在的事物所內蘊的心理因素。（周慶華，2004：80-81）

　　臺灣是個多語言多文化的國家，除了漢語體系下北京話（國語）、閩南語、客家語之外，尚包括南島語系十幾種語言。自臺灣光復以後，因國語政策的推行，致使其他被禁止使用的語言面臨衰退的現象，這些語言的使用者都出現了語言轉移至國語的情形。1987 年解嚴後，臺灣社會隨著潮流漸漸趨向多元化及本土化。1990 年，部分縣市開始重視鄉土教學及鄉土語言，並推行小部分的鄉土教學活動（包括歷史、文化、地理及語言等四方面）。1996 年教育部頒布「鄉土教學活動」的規定，其中含有「鄉土語言」一項，第一次將鄉土語言列入學校教育之中；其後為因應「九年一貫制」的教育政策，教育部已於 2001 學年度將鄉土語言列為正式課程，國小一至六年級學生，必須就閩南語、客家語、原住民語等三種鄉土語言任選一種修習每週至少一節的課程。母語課程的規劃、教學目標的擬定與實施、教學時間與節數的安排、母語師資的來源與培訓、族語認證制度的作用、母語教材的編寫、拼音書寫系統、評量模式的建立與統一等等，都尚有未解決的問題。問題還未解決，語文教學卻一直在進行中，這樣的教學成效難保不會出狀況。所以本研究將另外運用社會學方法從四個面向包括

「母語的制約、熟悉度的關係、運用的頻率、教學現場的氛圍」來探討原漢學童作文病句。社會學方法，指的是語文現象或以語文形式存在的事物所內蘊的社會背景的方法。憑藉著「解析」為依據，有兩大層面：第一是解析社會現實如何促成語文現象或以語文形式存在的事物；第二是語文現象或以語文形式存在的事物如何反應社會現實？（周慶華，2004：87-89）採用心理學、社會學方法去探討原漢學童作文病句，不僅可以了解原漢學童在文章創作中所內蘊的心理因素，進而了解原漢學童作文病句的發生是否與整體社會背景有關聯。

第六章談面對原漢學童病句的補救途徑，可以從家庭背景出發，進而至整體社會環境與校園教學環境的分析、了解。家庭環境、教學環境、及社會環境組成的元素少不了「人」這一項，人類互動形成文化，人類的文化創造的成果多藉寫作保留，寫作教學涉及各種語文經驗，使人參與文化創造，免於平庸。（周慶華，2007：92-105）作文是觀察、想像、思考、組織、用字、遣詞、造句、修辭、抒情、敘事、說理……各種能力的綜合表現。作文病句在寫作中產生，我們要想出補救辦法就必須從解析社會現實如何促成病句著手，從病句所反映出社會現實的情形中尋求解決辦法。而為原漢學童作文病句找到可行的解決辦法，使本研究對原漢學童寫作教學有所助益，我責無旁貸。多數研究作文病句的文獻，都以平地生的語科為主，本章將運用心理學方法、社會學方法去分析原漢學童的語料後，提出原漢學童作文病句的補救途徑。

「星期六，我們學校舉辦運動會，我們都很緊張，因為我們跑步前。我們不停地呼吸和熱身，這樣子我們就會跑出很好的成績。」（M，P-2-12-01）「第一天考國語、自然。開始考國語了，老師一發考卷的時候，我就仔細的寫，結果我寫錯那一題了，令人生氣大意。皆下來考自然，自然有一點難，可是對我來說很簡單。」（N，P-2-12-01）「吃壞肚子，我就會往廁所裡面跑。一打開門，啊！叔叔在裡面邊看報紙邊上廁所。我嚇到了趕緊把門關上，等了五分左右，叔叔終於出來了。」（Q，P-2-13-01）以上三組句子中，並沒有太多的不妥之處，只是讀起來真的沒有「味道」！為什麼會這樣？課堂中，教學者在進行語文教學時不是常會提到「修辭」的技巧嗎？什麼是譬喻？什麼是

排比？什麼是誇飾？修辭技巧的名稱學生們都耳熟能詳，但會不會妥善的運用還是另一回事。

　　就寫作者的立場來說，寫作抒情性的文章是要借所抒情跟讀者對話，以便獲得讀者的同情（或同感），而遂行寫作者的權力意志。同樣的，寫作者寫作敘事性文章也是要跟讀者對話而獲得相同的效果。（周慶華，2001：157）文章的內容不外乎作者的意念，意念可以從外界的事物取得，如觀察一件東西，經驗某一件事情，可以取得許多的意念，把許多的意念寫出來，就變成記敘式的文章。意念是無形的東西，文字是它的符號，一個意念，可有許多的符號。無論是從內部產生或外部吸收取得的意念，透過文字的表達，就可以把寫作者的「內心話」傳遞出來。寫作表達，要如何使句子或段落篇章言簡意賅、陳述清楚，自古至今一直是社會大眾努力的方向。於是專門探討這方面的研究，「修辭學」便隨著興起。什麼是修辭，修是「修飾」的意思；辭本指「辯論的言辭」。根據《說文解字》的定義分析，修辭指的是裝飾語辭和文辭的藝術。（陳正治，2001：23）而英文的修辭 rhetoric 源自希臘語，本是流水的意思。人類的思想湧現，滔滔不絕；言語流露，一若懸河。於是取流水的字引伸為說話的意思。（黃慶萱，2002：6）

　　對於修辭的定義，歷年來國內研究修辭的學者也在論述中提出定義及看法：陳望道在《修辭學發凡》中提出：修辭原是達意傳情的手段，主要為著意和情，修辭不過是調整語辭使達意傳情能夠適切的一種努力。（陳望道，1989）董季棠在《修辭析論》書中說：修辭是研究如何適切地、巧妙地表現作者的情意，使讀者發生共鳴的一種學問。（董季棠，1992）杜淑貞在《現代實用修辭學》中認為：修辭學就是使用語言文字作為符號，來傳遞概念與意向，以表達內在訊息的學問。（杜淑貞，2000）黃慶萱在《修辭學》中提及：修辭學是研究如何調整語文表意的方法，設計語文優美的形式，使精確而主動地表達出說者或作者的意象，期能引起讀者的共鳴的一種藝術。（黃慶萱，2002）

　　兒童學習作文在基本架構、修辭、文體上倘若無法理解與練習，勢必會造成作文能力低落的結果。其中「修辭」是一門專門而實用的學問，它是活化文章內容，適切表達情意，引起讀者共鳴的重要因素。一般人

每天說的話，作家筆下各式各樣的作品，都是為了傳達內心的情感與經驗。因為表現方法的不同，形式與技巧的差異，自然產生種類不同的各種修辭方法。想要寫好一篇文章，必須先從字、造句、裁章、謀篇著手。學生們在了解文字、造通句子之後，應該更進一步追求辭令之美，使文章動人。因此，學童學好修辭，就可改善作文中詞不達意、言之無物、內容貧乏的問題。因此，第七章將採用修辭學方法去引導原漢學童修改作文病句，並轉化成文章中的美句。

第三節　研究範圍及其限制

本研究的目的是建構一套病句診斷理論，透過本研究可以了解原漢學童作文病句的差異原因與原漢學童作文病句的補救途徑。理論建構透過概念設定、命題建立、命題演繹等步驟求新意的產生。創出新意是重要的關鍵點，因此難免無法盡善盡美，不足之處尚待有興趣的研究夥伴加深加廣，提出新解。病句的相關研究在國內並不多，多數的研究結果都來自對岸中國大陸，因此在對我國病句診斷適用性上有待商榷，但中國大陸資料仍有可參考的地方。在文獻探討這一部分，我將就作文病句、原住民學童作文病句、原漢學童作文病句比較的面向來作探討。我相信研究作文病句的資料持續增加而且越來越受重視，我將就我所經驗到適合的材料以及對本研究有助益的材料進行探討。還有個人能力有限，在西文中必定也有研究病句相關的文獻，但研究對象是有差別的，本研究為建構病句診斷理論，所研究的語言是本國語言（含原住民語），所以較西文文獻研究應與病句有所不同。佐證範例鮮少，沒有實證可以說明。

寫作流程與病句出現時機的相關研究少，針對原漢學童作文病句進行比較的研究更少。對於原漢學童作文病句診斷並無先進建構這類的理論，我將不限寫作作品為建構理論的材料，廣泛地從各面向提出各類佐證例子，證成我所建構的原漢學童作文病句診斷及其補救途徑理論。另外，本研究所做的原漢學童病句診斷理論是屬於「整體整治」。注重的是原漢學童作文病句的差異原因，及補救途徑。因此，將平地學童作文

病句的細部差異排除不談。理論建構的目的是創新，因此與實證研究不同，本研究會致力於探討原漢學童作文病句發生的前因後果並提出策略加以改善。本研究係以臺東縣 T 國小高年級二個班級七十五篇作文，及臺南市 P 國小高年級二個班級一百三十二篇作文為研究樣本，分析國小學生書面語的表達及運用的錯誤現象。共計原住民學生人數七十人，二百五十一句病句；平地學生人數七十人，四百八十八句病句。

在樣本的編碼上：第一碼為作文篇名代碼，第二碼為原漢學童的差別：原住民學童第一碼為「P」；第三碼為班級：甲班為「1」，乙班為「2」；第四碼是座號：依序「01」「02」……同一人的病句，第一句「01」，第二句「02」……以此類推。語料整理出的病句會以「＊」在句首表示，以標楷體呈現，舉例如下：＊有天我在親水公園玩一天的天氣晴空萬里真是一個很好的天氣。（E，P-1-01-01）

平地學童第二碼為「T」；第三碼為班級：甲班為「1」，乙班為「2」；第三碼是座號：依序「01」「02」……同一人的病句，第一句「01」，第二句「02」……以此類推。語料整理出的病句會以「＊」在句首表示，以標楷體呈現，舉例如下：＊去安親班的第一天就要寫 8 頁功課，不過星期三都在玩。（A，T-1-01-01）

不論是平地還是原住民學童，在文章創作時，或多或少產生病句，想探討學生如何產生病句，這個部分從發生學角度進行研究，涉及學生寫作時的心理與社會面向。社會面向跟人際有關係，人際問題不只有學生與老師，更有家庭教育背景及整體社會環境。整體社會環境的影響這一部分相當複雜，沒有辦法在特定現場進行實證研究，所以排除在研究範圍之外，我僅就客觀的原因作探討。

要選擇研究對象前，我先舉個例子：暑假過後，班上的學生交給我的暑假作業（作文）中有這樣的片段，分別如下：

原住民學童（六年級）寫的是：

> 啊！突如其來的火災，喪失了許多人寶貴的性命，電視臺主播正在報導火災發生事件，例如在臺中某一個公廠因為金屬、鎂、鉀……和一些禁水性物質燃燒引起火災而死亡。還有一件是在臺

北的一家公司因為電器類失控而走火，有些人就是沒有那麼聰明而喪失生命，如果那些受難的人知道學會防火的方法，就可以跑出去。（2009.08.17）

平地學童（六年級）寫的是：

夏天雖然比春天熱，但是夏天的好處是冬天做不到的，相反的，冬天的好處也是夏天做不到的，夏天了，人們紛紛到便利商店買思樂冰，這就是夏天最好的享受。吃冰，是每個人在夏天最喜歡做的事，是冬天做不到的，冬天會有寒冷的風吹來吹去，所以冬天人都很少在買冰吃，所以夏天還比冬天還要好。（2009.07.13）

從上面的文章可以發現各有錯誤，修正如下：

啊！突如其來的火災，結果喪失了許多寶貴的性命。電視臺主播正在報導火災發生事件。災情在臺中某一個工廠因為金屬、鎂、鉀……和一些禁水性物質燃燒引起火災，現場傷亡者眾多。另一則新聞是在臺北的一家公司因為電器類失控而走火，有些人就是沒有那麼聰明而喪失生命，如果那些受難的人知道學會防火逃生的方法，就可以逃出火場了。

夏天雖然比春天熱，但是夏天的好處是其他季節沒有的。相反的，其他季節的好處也是夏天做不到的。夏天了，大家常常會到便利商店買冰品，我覺得這是夏天最好的享受。吃冰，是每個人在夏天喜歡做的事，吃冰的畫面是在冬天看不到的。冬天常常吹著寒冷的風，所以冬天一到，人們就很少在吃冰品了，所以在夏天的日子裡比冬天的日子還要好。

　　從兩位小朋友的作文中，可以發現同樣的生活環境對不同族群的學生的能力所表現出來的作品大不相同。原住民學童的作品「啊！突如其來的火災，喪失了許多人寶貴的性命」、「如果那些受難的人知道學會防火的方法，就可以跑出去」，文章內容像口述語言，跟一般的書面用語不同。原住民學童似乎是以線性的思考模式進行寫作，看

到什麼東西就寫什麼，以我手寫我口的方式進行，但文章卻顯得平淡無奇。平地學童的作品「人們紛紛到便利商店買思樂冰，這就是夏天最好的享受」、「冬天會有寒冷的風吹來吹去，所以冬天人都很少在買冰吃」，這樣的內容也是缺乏修辭技巧、只是使用平鋪直述的方式將所經驗過的事物寫出。

　　作文的病句不論在任何一個族群的學童都會出現，但是不同族群的學童會有不同的類型產生，建構診斷病句理論可涉及的範圍廣大，只要有寫作就有病句產生，對象過於廣泛。為求本研究所建構的理論可適用於平地與原住民地區的教學現場，因此採九年一貫教育第二階段學生為研究對象。設定五～六年級的原漢學童為對象，取其任三篇作文作為研究樣本，歸納其中病句類型，推測原漢學童作文病句的形成原因，更可以藉此了解原漢學童作文病句的差異，並且加以改善。但我個人能力有限，無法針對任一地區的原漢學童進行分析，這是本研究的缺憾。有志研究的夥伴可以探討其他族群與族群作文病句的問題，使作文病句這一領域更加完整。理論建構為求創新，跟實證研究的病句診斷與分析不同，況且每家病句診斷原則不一，研究時無法全數使用，我將從中整理相互優缺點，作為本研究的診斷依據。雖然本研究並不探討某一特定族群作文病句的細部差異，而且沒有在特定現場進行實證研究，但它仍無妨作為大家思考「原漢學童作文病句差異及其補救途徑」的參據。

第二章　文獻探討

第一節　作文病句

　　寫作,開啟思考力大門。寫作,開啟的不僅是一道道溝通的大門,
更是培養下一代思考力的關鍵。即使在網路科技成為主要溝通工
具的年代,寫作力仍能重新躍上檯面成為各國重視的基本能力。
日本掀起日本語學習熱、香港從根本改善中文課程,以提升港人
的語文能力、澳洲進行百年難得的語文教育大調查,找出最佳的
語言教學方法,瑞典、芬蘭更透過課程設計、圖書館的推廣,讓
閱讀與寫作成為全民運動。(賓靜蓀,2007)

　　由此可見,學童「寫作」能力的培養,實是語文學習的重要指標。
但在寫作的過程中發生錯誤、產生病句是不可避免的現象。為了能追究
錯誤根源,矯正錯誤並提出對策,因此學者開始費心研究「病句」。以
下初步整理病句的相關論著,分述如下:

　　呂叔湘與朱德熙合著的《語法修辭講話》於 1952 年出版(2002 年
有新版),此書以「匡謬正俗」為主要目的,藉由說明語法知識及解說
錯誤例子來幫助學習寫文章的人理解哪些格式是不正確的,某一格式怎
樣用是好的。這本書分成六講:(一)語法的基本知識;(二)詞彙;
(三)虛字;(四)結構;(五)表達;(六)標點。其分別就用詞、
結構、表達、標點等方面的語法及修辭規則進行討論,並列舉出從各書
籍、報章雜誌,大學及中學學生的習作中所採取的病句作為分析、修改
的範例。「詞彙」這一講以實詞的使用為講述重點,其中分析詞性、詞
義、同義詞、詞的配合常犯的錯誤及生造詞語等;「虛字」這一講則以
虛字運用為講述重點,如簡介常用的代詞、數量詞、連接詞的正確語法,
並修正錯誤範例;「結構」這一講主要討論結構方面常見的錯誤,如在

句子結構中常出現的成分殘缺、搭配不當、詞語次序及結構混亂的相關問題；「表達」這一講主要介紹使文章通順的表達技巧，能讓文章達到明確及簡潔的要求。如：合乎邏輯、避免歧義和重複、注重層次等方法；「標點」這一講介紹標點符號的用法和錯誤用法的改正方式。（呂叔湘、朱德熙，2002）

　　全書對人們語言運用中存在的錯誤作了較為詳盡的分析，孟建安稱此書是當時對現代漢語病句現象研究得較為系統、較為全面的著作。（孟建安，2000：3）也因此對其後漢語病句的研究產生了極大的影響。

　　在小學從事語文教學多年，陸士楠收集學生日常造句、作文中的錯誤語料，根據錯誤性質，分門別類地進行分析、糾正，編寫出《小學生作文病句修改 1000 例》一書。書中歸納出以下幾種病句類型：（一）用詞方面常見的病句，包括詞性誤用、虛詞濫用、輕重倒置、褒貶不分、不分對象、重複累贅、指代不明、生造詞語、成語使用不當、任意破詞、文白夾雜、修辭不當。（二）造句方面常見的病句，包括成分殘缺、搭配不當、詞序顛倒、結構混亂、錯用關聯詞語、標點使用不當。（三）事理方面常見的病句，包括概念使用不當、判斷不恰當、推理不合邏輯三類，其中概念使用不當又細分成概念不清、前後不一致、範圍不清楚、互相矛盾、錯用集合觀念五項；判斷不恰當又細分成多次否定，意思相反、主客顛倒，引起混亂兩項。（陸士楠，1993）

　　書中作者以淺白、簡要的語法知識分析句子錯誤的部分，並加以修正且提供正確的寫法。因此，這是一本適合作為家長和孩子共同閱讀，互相測試，協助學生提升遣詞造句能力的書籍。

　　金錫謨的《語病求醫》於 1995 年出版，其主旨在於發現語病、分析語病、改正語病，是處置語病三個緊密相連的環節。要善於將它們有機地統一起來、協調起來，以便收到最適時最恰當的處置，保證語言的正確選用。本書分成七個章節：

（一）白米粥香，惜雜沙摻——詞語選用中的錯誤：
　　1、用錯詞義。
　　2、錯用感情色彩。

（二）結構失當，句意有誤——句子選用中的錯誤（一）。

（三）手段誤用，句列混亂——句子選用中的錯誤（二）。

（四）雜亂無主，語連無章——句組選用中的錯誤。

（五）潤飾無方，弄巧成拙——修辭選用中的錯誤。

（六）事不副實，情不入理——語言選用中的邏輯錯誤。

（七）肌體不健，集病一身——語言選用中的語病綜合症。（金錫謨，
　　　1995）

　　吳燈山《作文小診所》這是一組套書，分成內容、用詞、造句、修辭、組織布局常見的毛病等五冊，每種病句的類型從「寫作挫折告白」、「看看文章病在哪裡」、「聽聽專家怎麼說」、「病情矯正」、「最後的叮嚀」逐一分析，書後還附上「作文加油站」，可以讓學生立即得到回饋修正，小試身手。（吳燈山，1997a、1997b、1997c、1997d、1997e）這是頗適合小學生使用的語法書。

　　孫麗翎在《國小兒童作文常犯錯誤分析研究》中發現：國小兒童作文中最易出現語法方面的錯誤有：（一）表面結構策略錯誤以「贅加型」為最，佔了42％，「替代型」佔了41.3％，「倒置型」的錯誤最少，可見學生在學習國語時會以某些習得的詞語來代替未習得的詞語，或是新學詞語尚不能正確運用，而於句中重復或任意添加習得的詞語。（二）語項上的錯誤以「副詞」、「名詞」、「代名詞」、「動詞」、「就」、「連詞」等語項最易犯錯。（三）一至六年級，表面結構策略錯誤都是以「贅加型」為最多，「替代型」、「省略型」次之，「倒置型」的錯誤最少。（四）一年級在「來／去」、「給字句」、「動詞」、「副詞」、「代名詞」等語項最易犯錯。二、三年級在「名詞代名詞」、「就」、「動詞」、「副詞」上稍差。 四年級在「名詞代名詞」、「就」、「動詞」運用上較差。五年級在「名詞代名詞」、「就」、「動詞」、「副詞」、「給字句」上稍差。六年級在「名詞代名詞」、「就」、「動詞」、「副詞」上稍差。（孫麗翎，1988）

　　從這項研究中，發現學生作文病句的產生受母語閩南語的影響很大，如「來／去」、「給字句」、「有字句」等等。當時孫麗翎抽取樣本，收集當時臺灣各地區包括城市和鄉村四十七所國小，一到六年級學

生的作文作錯誤分析。其研究方法是就句子的表面結構和語項作雙項錯誤分析，將錯誤分析歸類後，再分析各個年級與錯誤項目資料的百分比。由於該研究的年代距今已二十一年了，且今日九年一貫語文教學包括原住民語與英文的課程，有些語誤現象已不足以解釋或歸類。但在她的研究中，學童受母語的影響而產生作文病句，與本研究試圖分析比較原漢學童病句有關連性，實為本研究有所助益的文獻。

　　孟建安在《漢語病句修辭》一書中提出新穎的看法：病句是一個自足的系統，這個系統涵蓋了漢語病詞病句的生成方法、原因。他也提出漢語病句的辨識原則、方法和標準，歸類與修改原則以及預防策略；他認為漢語語法修辭不僅應當研究「通」句，也應當研究病句。這樣才能使現代漢語語法學、修辭學構成完整的體系及擁有完整的理論架構。（孟建安，2000）

　　孟建安不只對病句有新穎的看法，在研究病句上也運用新奇、獨特的方法，如病句的分類方面採用的是歸納法，對病句生成方法的探索則是採用演繹法和比較法，對病句的辨識也提出審讀法、對照法、比較鑑定法語與分析短語辨識法等新方法。另外，關於漢語病句生成的語言外因素，孟建安也從交際環境、交際目的、交際者的修養、交際者的心理等方面作了闡述。

　　孟建安在書中引用相當數量的書卷語體的病句材料，還引用不少口語中的語病，將這些錯誤歸類成詞語運用、句子結構及語意表達三種類型。詞語運用方面的病句細分成詞類誤用、用詞不當、生造詞語、濫用古詞語、濫用方言詞、濫用簡稱、割裂詞語、成語運用不當、詞語褒貶不當、詞語重複囉唆；句子結構方面的病句細分成分殘缺不全、搭配不當、成分多餘、語序紊亂、句式雜糅、句子冗長等；語意表達方面的病句細分歧義、句意費解、概念運當不當、判斷錯誤、推理不當、不合情理、關係不調、層次不清等。孟建安分別就上述各類型的病句提出正確的修正方法。此書對於現代漢語病句系統從研究病句修辭的目的、範圍、必要性到病句的生成與病句的辨識等方面進行理論性的探討，並運用所闡述的理論來進行病句的歸納與修改，可說是理論與實踐的統合，值得當作以後研究者的參考典範。

陳一所著的《現代漢語語誤》以結構、語義及語用三個平面來進行語誤的探討。結構平面的語誤就是在處理語言符號與語言符號關係上違反規範而形成的語誤，也就是語言單位（詞、短語、小句等）之間關係的語誤。包括詞類誤用、小句結構中的語誤、複句中的語誤；語義平面的語誤是在指處理語言符號與客觀對象之間的關係時，因違反規範而形成的語誤，語義平面的語誤分為語義不明、語義重複、語義偏離、語義悖反、語義牴牾；語用平面的語誤是指在處理語言符號與使用者的關係時，因違反規範而形成的語誤，可分成「謙敬」、「授受」、「已知與未知」、「言內義與言外義」等方面的語誤。（陳一，2002）此書除將病句的研究範圍擴大成三個平面外，也收集並分析口誤方面的資料，為病句研究開闢更寬廣的道路。

程美珍《漢語病句辨析九百例》，從第一章的總說、第二章詞法方面常見的錯誤、第三章句法常見的錯誤到標點符號常見的錯誤。雖然只分成四章，第一章從什麼叫病句、病句的範圍、產生病句的原因、怎樣查病句到漢語的各級語法單位和句子成分。但第二、三章項下又細分多節，第二章有名詞的誤用、代詞的誤用、動詞的誤用……等依詞性分成十一節；第三章有詞組的誤用、句子成分的誤用、單句的誤用、幾種特殊動詞謂語句的誤用、幾種比較句的誤用、幾種表示強調的句子的誤用、複句的誤用等七節。第四章談標點符號，分點號和標號的誤用兩節。本書內蒐集有九百句病句，其中九十六句是使用英語的留學生常見的錯誤。先列病句再修正，並說明修改理由。（程美珍，2007）本書特點有三：（一）針對以英語為母語或媒介的初學漢語的人，普遍存在的病句類型為主要對象；（二）書後編有病句索引，目的在於說明不同的學習階段產生的病句是不同的；（三）全書採漢英對照的形式。

李麗娜在小學語文教學多年，平日收集小學生的作文語料，分析學童作文中的病句，並從語法的根基上歸納出特定類型，最後編寫出《解除寫作的夢魘——小學生作文病句的診斷與補救途徑》一書。在這一本書中，除了將收集到的學童作文病句類型作劃分，還提出了一套病句辨識的標準：（一）語法標準：符合語法句子是正確的，不合語法的就是錯誤的。結構、搭配、語序等是否得當。（二）邏輯標準：說話和寫作都離不開邏輯，說

出的話、寫出的句子都要符合邏輯思維規律，符合邏輯事理。概念、判斷是否明確，推理是否合理。（三）修辭標準：修辭要符合「用詞」、「造句」、「表意」的要求，符合了該修辭格式的條件就是通句，否則就是病句。（四）習慣標準：時代改變，網路應運而生，有些句子，在早期是沒有的，有些句子是外來語，翻譯而來，有些句子是時代產物，合於當時正統習慣的句法，也是通句。（李麗娜，2009：32-33）

　　近年來，許多教師越來越重視學生的語言錯誤，因此著力於病句的相關研究。以下將對研究病句的學位論文及單篇論文略作介紹：

　　曾雅文在《國中學生作文病句研究》中抽取高雄市國民中學十六校學生共二百七十五人的作文，每人一篇，計二百七十五篇。經錯誤分析後，將國中學生作文中出現的語病分為「語義語病」與「結構語病」兩大類，兼探討標點符號使用不當和錯別字的問題。語義語病分為用詞不當、不合邏輯、語義重複、表意不明等四類；結構語病分為成分搭配失當、破壞結構（又細分成成分多餘及成分殘缺兩小項）、語序失當、結構雜糅、句子冗長等五類語病。（曾雅文，2004）在研究中除就語病類型出現的次數及比例作分析外，還依學生年級另作分析，所得結果如下：

（一）依出現次數及比例分析：在學生作文語病語科中，「語義語病」與「結構語病」共有二千二百一十八次，「結構語病」佔總語病次數的 60.60%，多於「語義語病」的 39.40%。而所有語病類型中以佔總數 20.65%的「成分搭配失當」為最多；而第二、第三位的分別為佔 18.21%的「不合邏輯」與佔 17.94%的「成分多餘」。此三類的語病就佔了總次數的 56.81%，表示國中學生作文的語病大多與「成分搭配失當」、「不合邏輯」、「成分多餘」的錯誤有關。曾雅文指出「成分搭配失當」出現最頻繁的原因，可能與大部分學生混用結構助詞「的」、「得」、「地」有關。「不合邏輯」此語病出現頻繁可能與學生寫作前欠缺通盤思考以及在寫作時心思維混亂有關。「成分多餘」此語病出現頻繁的原因是受到「我手寫我口」的寫作模式的影響，並且學生作文不懂得精練之道且在完成作文幾乎不作檢查修改的工作有關。

（二）依年級分析：曾雅文觀察語病類型出現的比例依年級升進而變化
　　　的趨勢，得知「語義語病」中的「用詞不當」、「語義重複」、
　　　「表意不明」等語病並不會因學生年齡增長、心智發展而得到改
　　　善，教師及學生倘若不加以注意，極有可能永遠存在作文之中。
　　　而「不合邏輯」語病出現的比例，因九年級學生較常寫作複句，
　　　句子與句子之間的關係往往藉由關聯詞語來表現，倘若關聯詞語
　　　用錯，就會造成不合邏輯的現象。所以學生升進九年級時，「不
　　　合邏輯」語病出現的比例呈現上升趨勢，且出現比例較七年級更
　　　高。「成分搭配失當」、「成分殘缺」、「成分多餘」、「語序
　　　失當」、「結構雜糅」、「句子冗長」等六類結構病句，出現的
　　　比例並無隨年級升進而有明顯減少的趨勢，此一現象反映了國中
　　　語文教學，尤其是句法結構與虛詞運用的教學可能不足，或是沒
　　　有發揮實際的功效，也顯示出國中語法教學與實際運用脫節、語
　　　文教學缺乏造句訓練等問題。（曾雅文，2004）

　　孫碧霞在《國小高年級學童國語習作語法錯誤類型研究》中研究國小
高年級學童國語習作中語法的錯誤現象。此研究以研究者任教班級的二十
四名學生為研究對象。首先，收集學童習作中錯誤的句子，並將總數 152
個包含錯誤的句子，以「表層結構策略分析（Surface Strategy Taxonomic）」
歸類，分為「贅加型」、「省略型」、「替代型」和「倒置型」四個錯誤
類別，分別計算其所佔比率；其次再以內容分析法進行質的分析。

　　其研究結果如下：（一）國小高年級學童國語習作的錯誤，以「贅
加型」和「替代型」問題最為嚴重。「贅加型錯誤」比率為 45.2％，「替
代型錯誤」比率是 35.1％，二者合計達 80.3％，顯示「添加」和「代替」
為學童最常使用的語文表達策略。（二）贅加情形明顯受到方言語法影
響；另外還出現「重複標示」、「虛詞贅加」和「重複使用同一詞語」
等型態的問題。（三）「替代型錯誤」多數是「方言直譯」所造成。（四）
「省略型錯誤」佔總數的 13.3％，倒置型錯誤佔 6.4％，此二者比率較低，
可見國小高年級學童對詞語的正確位置多能掌握，「省略詞語」或「顛
倒詞語」的情形也較少。（孫碧霞，2005）

　　胡倩華在《偏誤分析與國中作文教學個案研究》中觀察高雄市某國中體育班的二十一位學生的作文。將作文中的偏誤分成「詞語」、「單句」及「複句」三部分進行分析。第一，在詞語偏誤的部分分為實詞偏誤及虛詞偏誤兩類。實詞偏誤之下依照偏誤來源分為共同語素干擾、近義詞群混淆二項；虛詞偏誤之下依語法成分分為副詞偏誤、介詞偏誤、連詞偏誤、助詞偏誤。第二，在單句偏誤的部分分為句子成分偏誤、附加成分或連帶成分偏誤、句式偏誤三類。句子成分偏誤分為主語偏誤及謂語偏誤；附加成分、連帶成分偏誤之下依據表層結構分為動賓搭配不當、補語搭配不當、狀語搭配不當、定語搭配不當及語序失當；句式偏誤之下分為特殊句式結構失當、同類句式干擾二項。第三，在複句偏誤之下分為關聯詞偏誤及分句偏誤二類。關聯詞偏誤之下分為近義關聯詞連用、近義關聯詞混淆、共同語素干擾、關聯詞遺漏、關聯詞語搭配不當、關聯詞錯置；分句偏誤之下分為分句遺漏、分句殘缺二項。胡倩華將學生語料就各偏誤類型分類之後再進行偏誤類型統計。最後根據研究所得的偏誤統計進行分析，研究所得的結果如下：

（一）近義詞的混淆，就是「近義詞」、「近義句式」、「近義關聯詞」容易因連用或混合使用在同一句子裡，造成偏誤的現象。

（二）共同語素的干擾，就是實詞、虛詞、關聯詞等，在有相同語素的情形下，容易因為對語義的誤解，出現干擾的現象。

（三）句子主題化，可能由於受到口語的影響，學生喜歡把句子「主題化」，也就是「賓語」成分前移至句首，造成語序失當的偏誤。

（四）主語概念模糊，學生「主語」的概念模糊，在單句中容易誤將其他成分當作主語，而在複句中則容易不當地承前或承後省略，造成主語的遺漏。

（五）施受關係不清，學生因為沒有施事、受事的觀念，所以凡是非自願的行為，學生都慣用「被」字句，或是造出主謂搭配不當、動賓搭配不當的句子，都是出自對施受關係不清的緣故。（胡倩華，2006）

　　胡倩華將國中作文的句法偏誤分成：單句與複句兩類。而單句偏誤中以主要成分偏誤最為常見。學生往往以其他成分替代主語，如表示範圍的介詞短語被學生視為主語，因而出現主語遺漏的偏誤；其次，主謂、

動賓等成分搭配不當也是學生作文中常見的偏誤;再者,學生往往將說話時先呼叫對方,或是先將想要表達的重點說出來的口語習慣帶到作文之中,容易出現賓語不當提前的偏誤。在複句偏誤中,分句間結構失當的情形較多,佔複句偏誤的 54.43%,但與關聯詞有誤的出現比率差距不大,僅相差 8.86%。從高低兩個年級的變化情形來看,關聯詞有誤的偏誤增加了 7.78%。而分句間結構失當卻減少了 7.78%,此項結果顯示了學生在學習中已逐漸習得了正確的複句結構,逐漸學會如何拉長句子而不會發生錯誤,但在關聯詞的使用上卻進步很少,原因是「關聯句式」的種類很多,且每一種關聯詞都有不同的用法,如果沒有針對個別種類進行教學,學生容易因混淆而造成使用偏誤。(胡倩華,2006)

　　高維貞在《國小中年級學生造句練習及寫作病句之分析——以臺中縣太平市國小為例》研究中,以臺中縣太平市五所學校三百零八名學生為研究對象。收集學童造句練習及作文病句,並將三百零八篇作文及造句練習一萬多個句子,以錯誤分析法中的「表層結構策略分析(Surface Strategy Taxonomic)」歸類,經編碼、錯誤界定、抄錄等整理過程後,分為「贅加型」、「省略型」、「替代型」和「倒置型」四個錯誤類型,分別計算其所佔比率;其次再以內容進行質的分析。此研究旨在了解國小中年級造句練習及作文病句的現象。研究的結果為:

(一)國小中年級造句練習及作文病句的錯誤,以「贅加型」、「替代型」問題最嚴重。造句練習及作文病句的「贅加型錯誤」比率分別為 33% 及 40%,「替代型錯誤」比率分別為 29% 及 32%,二者合計分別為 62% 及 72%,顯示「贅加」和「替代」為學童最常使用的語文表達策略。

(二)贅加情形出現「重複使用相同詞語」、「意義重複」、「虛詞贅加」及「臺灣國語贅加」等型態的問題。

(三)「替代型錯誤」多數是「方言直譯」、「關聯詞錯用」、「語詞錯用」、「搭配失當」所造成。

(四)「省略型錯誤」造句練習及作文病句的比率分別為 25% 及 19%,「倒置型錯誤」比率分別為 7% 及 5%,此二者比率較低,可見國小中年級學童對詞語的正確位置多能掌握,「省略型錯誤」由於

造句練習缺少語境的關係，所以犯錯的比率較作文病句略高。（高維貞，2006）

陳光明〈國語教科書病句的類型〉一文，雖然這是研討會論文，尚未出版，但是因為它對本研究有相當的啟示，所以在此一併討論。國語教科書是孩童學習語文最主要的根據，理當要求做到盡善盡美，倘若限於人力物力而無法達到，授課教師也應判斷出哪些詞語、句子是有問題的，指出病句，並加以改正。因為改正病句的能力與寫作能力都屬於語言運用能力，藉此機會親自示範，提示、教導學生作文時修改的技巧及重要性，對於學生寫作能力的增進，當有所助益。此文是陳光明用來探討國語教科書中的病句類型，尤其是因為詞語運用、句子結構與語意表達等方面而產生的。因詞語運用而產生的病句可以細分為：（一）詞類誤用；（二）用詞不當；（三）生造詞語等。句子結構方面的病句包括：（一）成分殘缺；（二）搭配不當；（三）成分多餘；（四）結構混亂等。關於語意表達的則有：（一）表意不明；（二）不合邏輯；（三）層次不清等。（陳光明，2007）

林怡伶《國小低年級學童病句分析》，這是國內研究病句論文中唯一以低年級學童為對象的研究。林怡伶是位低年級老師，深感學童在句子上的錯誤用法必須及時導正，以建立正確的語言使用方法，減少錯誤重複發生的機率。因此，將所收集的學童病句語料，依據詞語運用、句子結構和語意表達等三方面區分，詞語運用方面有：詞類的誤用、用詞不當、生造詞語等；句子結構方面有：成分殘缺不全、搭配不當、成分多餘、語序紊亂、句型雜糅等；語意表達方面有：歧義、句意費解、概念運用不當、判斷不恰當、不合邏輯和語意重複等。林怡伶將所收集的語料加以歸納及分析低年級學童常見病句的類型，以作為導正學生病句的參考。（林怡伶，2008）

林怡伶所收集的病句次數共二百二十六次，其中排前三名的病句類型分別為：用詞不當、搭配不當、成分殘缺不全。此三種病句類型的總數量佔全部的 67.69％，超過半數的錯誤類型均為此三種形態；也就是在教學上，此三種錯誤類型值得教學現場的教學者把教學重點作彈性的調整。

許淑芬在《作文病句探究——以九年一貫教育第二階段學生寫作所見現象為例》研究中提出：寫作能力者，有天才型、苦學型、天才苦學兼具型的三種寫作流程。而其各自擁有的天分與苦學程度不一，因此表現出來的作品自然也有病句量多與寡的差別。天才型的寫作流程者病句量最多，苦學型的寫作流程者病句量最少，天才苦學兼具型的寫作流程者病句量居中。而病句的產生原因便受到天分與苦學不一的影響，有的在寫作前的構思發生錯誤，有的在寫作時無意間疏忽產生錯誤。（許淑芬，2009）

綜觀上述研究病句的文獻都以平地生的語料為主，幾乎沒有學者提及其他族群的作文病句問題與診斷途徑。假使教師的教學對象不是平地學童而是把國語當作第二語言學習的原住民學童，以上的診斷、對應方法是否有效？現今的校園是一個多族群的小型社會縮圖，學童族群眾多，語言的學習也朝著多元蓬勃發展。「國語」對平地學童而言是第一語言，「英語」則可算是第二語言。但「國語」對於原住民學童能算是他們使用的第一語言嗎？倘若「國語」不是原住民學童日常最常使用的語言，那麼原住民學童在寫作上產生的作文病句應該就與平地學童所產生的作文病句有所差異。

第二節　原住民學童作文病句

說話有語病，作文一定也有病句。現今報章雜誌、新聞媒體、廣告名詞、流行歌詞、學生作文、乃至於平日的言語交談用語，常常會有語病產生。這些用語平常大家都不在意，或因流行或根本不知是錯句，以訛傳訛，日積月累，久而久之就成為個人習慣。於是產生平日交際上的誤解或書面表達上的病句，進而無法達到表情達意的目的。這些都是造成現今語文程度低落的原因。如果平日從事語文教學的老師，可以適時的糾正，這種現象就可獲得改善。我在〈國小原漢學童作文病句的差異現象分析及補救〉文中提出幾點原漢學童作文病句成因：

（一）學校因素：語文教育是一切學科教育的基礎，舉凡數學、社會、自然、物理、化學，如果沒有具備相當語文能力，我們將無法理

解該學科的精髓。「句子」在語文學習中佔極重要地位，我們應該知道當一個幼兒從認識「字」到「詞」到「句」的表達，這段歷程意義由模糊到清楚，必須經歷、嘗試許多錯誤、校正才能學得一套正確的語法。對平地學童而言，國語應算是學童的母語，「國語課」對學童來說應該是一門基礎而且簡單的課程，學童可以藉由注音符號認識書面上的語句。但是現今國小語文教學因加上語文課程英語及母語的教學，本國語文教學時數比以前少，教學者因有教學進度的壓力，在進行語文教學時，往往不會特別用心，且不會注意學童使用字、詞、句時所犯的錯誤。另外在九年一貫課程施行後，國小教科書實施「一綱多本」，內容雖經國立編譯館審查通過，卻有不少錯誤。相較於平地學童，原住民學童就沒那麼幸運了。「國語」並不是原住民學童的母語，學童可能在上小學以前，唯一會講的語言是原住民語。當進小學時，原漢學童在校人口所佔的比例差距很大，原住民學童自然形成學校的弱勢團體，與其他學童的互動便會困難重重。另外，合格教師流動率太高，會影響家長及社區的情感，對學生更會產生學習上的阻礙。原住民地區學校都是小型學校，員額編制少，人力不足，一人身兼數職，工作壓力大。教師又對原住民文化缺乏基本認識，教學行政工作忙碌，母語不通導致溝通不易，家長與學校少有意見交流的機會，家長與學校缺乏良好溝通；況且在原住民地區教學的教師，有很多都是不適任教師，這對於想要認真學習的學童而言，無非是一大障礙。

（二）家庭因素：平地學童的家庭，就學習而言是許可的。但家長對孩子的學習生活並不特別關注，他們不會花太多的心力在孩子成長的每一件事情或每個過程。家長也不懂得在家中營造一個舒適的學習環境，只會把小孩送到安親班，因為安親班的老師會讓小孩子將作業寫完，而且在學校考試時獲得高分。家長都忘了，家庭是孩子學習、成長最佳的環境。而原住民學童的家庭？家中鄰近的一位先生說：「原住民小朋友都是這樣啦，會表達、吃飯、上課就好了，文章寫的好不好沒有關係。」原住民學童的家長社經

地位並不高，每天忙著賺錢就頭昏腦脹了，那有多餘的時間關心學童的功課，更別說仔細檢查學童的作業。其實，前人教育子女的模式就是如此，因而造成原住民家庭的惡性循環，最後父母親就把這個模式拷貝實施，不斷地循環下去。

（三）社會因素：兒童與青少年的語言表達能力的發展正處在初步適應語言交際的階段，語言思維也正在逐漸形成，還沒有完整的思維方法。在這種情況下，學童最容易受到流行文化影響，如網路遊戲、線上聊天室、手機簡訊，電視傳播媒體與電影，幾乎已經成為生活中不可缺少的因素。但是網路、手機通訊與電視媒體的語言使用形態也深深地影響平地學童的書面語表達。網路語言在某種程度上是導致學生寫出病句的推手，「火星文」的出現更令語文教學者憂心。更有無孔不入的大眾媒體幾乎佔滿了平地學童的日常生活的時空，學童用模仿的方式，在語文表達上不求精確，對負載著意義、價值、歷史、傳統的語言只能達到表層的接觸，減損了對語文的想像力及理解能力。

早期的漢人與大眾媒體多以「番仔」來稱呼原住民，認為原住民是落後的族群，類似的刻版印象卻轉換成意識型態，存在於社會的若干層面上。而原住民家庭社經地位低，經濟生活貧困，又因教育程度較低的因素，根本無法透過勞動來改善生活，反而更陷入複雜的貧窮關係中。父母經常忙於生活上金錢的取得，無法顧及兒女學業，對子女的教育要求及教育期待，僅在於快樂成長，對於會造成子女壓力的學業則採取較放任的態度。（曾振源，2009）

除此之外，在研究中透過錯誤分析將取得的病句語科分為詞語運用方面、句子結構方面與語意表達方面等三大類。分別就國小原漢學童在三大類中出現次數較多的細項及其差異作說明。

有關詞語運用方面：（一）實詞方面：平地學童犯的錯誤較少，而原住民學童犯的錯誤量竟是平地學童的兩倍。其原因可能為：1、原住民學童的母語如布農語，一些實詞本來就不多，當學童無法轉化母語中的實詞為國語時，就會用一些錯誤的詞語替代，當然在作文當中就會出現錯誤的詞句。2、對詞彙的詞義不夠熟悉。（二）虛詞方面：原漢學童的

錯誤是差不多的。在本研究中，原漢學童常會錯誤地使用「量詞」及連詞中的「和」字。平地學童會使用量詞，但是用法不對，比如兩張桌子，會寫成兩個桌子，什麼量詞都用「個」代替。原住民學童的問題就比較大了！因為使用布農族語數數時，只會說一＋名詞、二＋名詞⋯⋯幾乎沒有量詞的出現，所以如布農族學童在作文時，常常會亂加量詞在句子當中。（三）受方言詞素影響而造成錯誤：平地生常會有使用閩南語的現象。例如一「ㄟ」人、「明在」我要去動物園。上面兩個例句，我推論其發生原因可能是小朋友在家中所使用的語言為閩南語，當要小朋友作文，很自然的就會把口語用在書面語上。

有關句子結構方面：「成分殘缺不全」出現的次數最多，其次為「搭配不當」。此兩類出現次數過多，是造成「句子結構方面」的病句為三類之冠的原因。原漢學童對於構成句子結構不甚了解，對句子成分之間的搭配連用也無法確實掌握。也就是說，常用兩個不同的形容詞對同一個主要語（或中心語）進行描述，卻沒有檢視是否適用，因而造成錯誤。但是若要找出原漢學童在此項的差異是可以的。平地學童的文章中，句子的結構問題較少。姑且不論文章精采與否，一篇五、六百字的文章對於平地學童而言是輕而易舉的事情，但是這對於原住民學童就困難許多。根據我的探訪研究，如布農族人本來就沒有文字，只靠著口語相傳的語言，詞彙原本就少。另一個成因為家庭因素：在家中，父親是地位最高的仲裁者，小孩子還未成年時，在家中不可以隨便表達自己的意見，倘若有回答，只需要用簡單的一兩個字就回答完成了。例如：父親問說：你吃過飯了嗎？小朋友只需要回答：吃過了（布農族語）。原漢學童都受到原生家庭環境的影響，常常把口語句子，直接轉變成書寫句子，本身內化的功夫不到，句子當然出現問題。

有關語意表達方面：「不合邏輯」出現的次數最多，這顯示學生的邏輯並不佳，特別是有關事件的「因果關係」部分。例如：原住民學童的句子：「因為他很黑，所以常常曬太陽。」平地學童的句子：「他常常去公園玩，所以他很喜歡運動。」在作者分析原漢學童作文病句中，發現平地學童的句子都很冗長，要說明一個簡單的道理，幾乎會用到九、十個句子；但原住民學童卻似相反，往往只用兩、三個句子寫完。可推

論原漢學童的生長、學習背景不同，平地學童平日所受的文化刺激較多，電視、電腦、等多媒體的刺激，讓平地學童幾乎可以說是身歷其境！所以平地學童在作文時，東挑一個，西撿一個，不加思索的把想到的素材都寫到文章中，卻不知這樣反而影響了作文的整體性及美觀。反觀原住民學童，家中有電腦的不多，更不用說是多媒體。文化刺激少，原住民學童單單從書籍、圖片獲得一些需要體驗的資訊是不足的，因為用看的、聽的、跟親身經歷的效果完全不一樣，創作出的文章當然在內容上會大打折扣。

最後，還針對原漢學童作文教學提出建議：

（一）加強字詞辨識、書寫與應用的練習：杜淑貞在《國小作文教學探究》一書中，曾有如下一段精采的譬喻：「作文是個有機體，就像一棵大樹的結構。而每一個字、詞，就像一片片葉子，都必須健康而蒼翠的才好；如果字詞的使用不當，甚至意義不明確，那麼掛在枝頭上望去一看，片片枯黃的樹葉，代表著這是一棵發育不良或生病的樹，很顯然的，這絕非是一篇好作文。」（杜淑貞，1986：60）由此可見，準確的辨識字形、字音和字義詞義，可以使學生在造句的時候避免許多不必要的錯誤。例如「涼」、「冷」、「寒」、「凍」等字意思相近，卻可傳達出不同程度的狀態和感覺，也可以孳乳出許多不同的語詞，而各有其意義範圍。又如「初秋」、「中秋」、「深秋」代表的時間概念也有差異。教師應該引導學生多加練習，嘗試以各種不同的方式來舉例說明，運用相關的圖片、實物、表情動作，並且善用比喻法和情景演示，循序漸進，使學生都能得到明晰的觀念，並能正確的辨識、書寫與運用，那麼寫作的時候就不會再出現詞義混亂、措詞不當的缺失了。

（二）大量閱讀：在閱讀的過程中，學生面對豐富的新詞語，透過閱讀連同整個句子與上下文語境一起出現的，較能記住句子，掌握詞語的使用規則，教師只要充分利用學生已有的一定數量的詞彙能力，透過大量的閱讀訓練，就可以使學生擁有的詞彙量不斷增加。並且透過閱讀，學生知道語言運用的規律，病句自然就不太可能產生。學生藉由閱讀，累積大量的語言素材和文

章範例，逐步領悟遣詞造句、布局謀篇的規律，增進語言能力，從而培養敏銳的語感，增進寫作能力。但是在原住民學童閱讀進行前，教師必須先為學童把關，先進行挑選讀物的工作。因為原住民學童可能是天性的關係，在選擇讀物時，通常會選擇跟自然、藝術有關的書籍，對於人文方面的書卻是興致缺缺。另外，看完書後，教師必須給予學童立即的回饋，刺激學童的反應，讓學童對於書中內容加深加廣。另外，閱讀環境的布置也是一大學問；教學者必須了解學童的心性，針對當地學童特有的文化背景進行閱讀環境布置。

（三）寫作練習：寫作是一種技能，光閱讀而不練習，是不能增進寫作能力的。真實的語言活動能激發學習者的語言潛能，讓學習者運用已經習得的語言能力。在語文能力發展的過程中，都會經歷語文能力不成熟的階段，學生犯錯的情形是不可避免的，教師可以將這個階段視為進步的里程碑，隨著學生語文水準的提高，發展過程中的語言錯誤也會逐漸消失。因此，教師要解決學生造句練習、作文中的病句問題，可以透過寫作訓練。例如：詞語練習、造句練習、寫日記、信函、擴寫或縮寫、讀書筆記、留言等方面的訓練，鼓勵學童提筆練習。如何增進兒童書面語的表達能力？教師平日可以：1、鼓勵學童勤寫日記：寫作能力的培養並非一日可成，如果想提高寫作水準，就必須在平時培養觀察事物、創造思考的能力。這種觀察事物、創造思考的能力，可藉由書寫日記來訓練觀察記錄事物的變化。教師要求原住民學童書寫日記時，最好先替學童訂定一個與生活相關的題目，例如：〈山上的生活〉、〈種植高麗菜〉。並在訂定題目後，讓學童發表過去的經驗，再請學童回家撰寫。2、引導學生養成打草稿良好習慣：嚴肅認真的寫作態度、打草稿是減少文章中的語病的方法，所以教師指導學生訓練時應該注重培養良好的習慣。原住民學童在打草稿時都無法順利完成，因為整篇文章的架構無法掌握。對此教師可以透過個人發表或分組討論的方式，將發表的內容寫在黑板上，然後再請學童將先前談到的內容寫進作文裡。3、引導學生養成檢查修改

作文的良好習慣：教師對學生的作文全批全改，即使寫了詳細的
評語或作了認真的講評，但是由於缺少自我訂正的環節，學生還
是無法真正掌握準確運用語言文字的技巧，所以學童對文章或句
子應養成自我檢核的能力。不過，這對原住民學童來說可能比較
難做得到，我們可以利用「故事改寫」的方式進行。先挑選一個
著名的故事書，例如〈白雪公主〉。教學者先讀完一段文章，然
後請小朋友選擇用故事接龍或故事改寫的方式完成故事內容。

（四）加強演說發表的練習：語言和文字同為人類表情達意的工具。我
們在與人交談時，必須有明確的意念和一貫的思路，對方才能了
解我們所要傳達的感覺或看法。基於此一觀點，教師如果能夠時
常訓練學生作有系統的口語發表，如演說、講述故事、討論、辯
論、敘述大意、生活座談等，學生便能從真實具體的談話之中，
吸收豐富、鮮活的語彙，揣摩並記憶其正確的意義和用法，組織
成意思明白、條理暢達的文句，對於寫作時思路的拓展一定有很
大的裨益。俗語說：「要文章寫得好，總須語詞記得多。」為了
增進學生的造句能力，使其行文具有繁複多姿、變化萬端的美感，
除了指導其多多閱讀課外書籍以外，鼓勵他們隨時隨地以純正的
國語交談，儘量提供演說發表的機會，使其在生動活潑的教學情
境中，能夠以適切的語文暢所欲言的表達出自己的心聲，毋寧
是每一位教師責無旁貸的工作。

（五）親職教育：根據經驗，原住民學校與當地社區結合的一大困境
為：原住民家長與學校老師對子女教養方式與教育價值觀的認
知差異，常造成結合難以進行，再加上大多數的原住民學校都
缺乏主動認識與了解，導致學校經常誤認原住民家長不關心教
育，造成互動溝通不容易進行或者是溝通也不會有效果的想
法。因此，現今多數的原住民學校在開學初及學期中都會舉辦
親師座談會，並開立親職成長課程，藉此提升家長參與學校事
務的自信心，讓家長體認到學校、社區、家庭結合對孩子教育
所帶來的成效，重建家長的自信心。而這無疑的要持續且擴大
範圍的進行，才有助於家長對學童的家庭輔導。

（六）社會制度：原住民學童與一般學童的學習特質差異大，而政府只在學制上予以加分、公費、減免學費等方法處理，卻忽略了真正需要被關心的族群特性；雖然培育出馴良的國民，但卻使其喪失族群的特性。此外，由於公路的開闢、傳播媒體的發達，導致山地經濟、社會快速的變遷，父母對子女的管教態度，及社會對青少年的期望，並未隨之改變。政府應站在原住民的立場想想看，究竟一味的加分、減免學費等方法適不適用於原住民學童的身上？畢竟「給他魚吃，不如教他怎麼釣魚」來的有意義。（曾振源，2009）

　　陳淑麗在《轉介前介入對原住民閱讀障礙診斷區辨效度之研究》研究中指出：原住民兒童學業表現低落的現象，一般都歸因於缺乏主流的文化經驗或社經地位低下，但有些兒童他們的困難可能來自於學習障礙，但在特教的鑑定上，這兩群人卻不易區分。其研究以臺東市七十八位原住民學童低成就學童為對象，採準實驗設計，實驗組和控制組各有四十七和三十一人，教學實驗共進行為期十一週七十五節的補救教學。主要發現有（一）原住民低成就學童的語文能力，經過補救教學有顯著的提升，但二年級主要在低階的識字能力進步較明顯，三年級則在聽寫以及高層次閱讀理解也有明顯的成效；（二）實驗組在語文能力的學習成效比控制組佳，但以「前測」為共變的成效比較，兩組學童只有在高層次的寫作能力有顯著差異；（三）根據教學反應可以區分出對教學反應較佳的「一般低成就」與對教學反應較差的「疑似閱障」群體，二年、三級的教學反應指標分別是「看字讀音速度」和「聽寫」；（四）在效標考驗部分，以學障定義中的「認知缺陷」為效標，研究發現教學反應較差的「疑似學障」群體，其「聲韻覺識」和「唸名速度」整體比教學反應較佳的「一般低成就」差，但兩組的工作記憶差異不明顯；（五）以學障定義中的「學業困難」和「內在差異差距」，以及專業心評教師的「學障研判」為效標，研究結果均顯示，教學反應指標有不錯的診斷敏感度，且犯偽陰性的比率低，但教學反應指標診斷的特定性較低，且犯偽陽性的比率較高。研究結果大致支持轉介前介入具有區分「一般低成就」和「疑似學障」的區辨效度。（陳淑麗，2004）

郭秀分在《高屏地區國小三年級學童作文受閩南語影響之研究》研究中提出：高屏地區國小三年級學童作文在詞彙、句型及連接詞的使用上會受閩南語影響，並在研究中探討不同性別、地區的三年級學童作文受閩南語影響是否存在著差異。其研究結果如下：

（一）國小三年級學童作文受閩南語影響的事實存在。

（二）國小三年級學童作文在詞彙上受閩南語影響較明顯者，為「詞彙相似」及「詞彙完全不同」。

（三）國小三年級學童作文於句型方面則以「國語受『在』字句的閩南語句型的影響」的情形最明顯。

（四）國小三年級學童作文在連接詞的使用上受閩南語影響的情形較不普遍。

（五）國小三年級學童作文在詞彙、句型、連接詞的使用上受閩南語影響，具有明顯的城鄉差異。

（六）國小三年級學童作文在句型上受閩南語影響，性別之間具有顯著性差異。（郭秀分，2002）

其研究成果雖然與原住民作文病句不相干，但卻明顯的指出：族群之間是相互影響的，不論是透過語言還是文字。閩南語使用影響了平地學童的作文，進而產生作文病句；原住民學童在學習國語的過程中，是否同樣影響了原住民學童的作文？這都需要再進一步探討。

第三節　原漢學童作文病句比較

大部分的研究者，因生長背景、教學經驗……等等的緣故，所進行的作文病句研究幾乎全都以平地學童的語料為主，很少研究者注意到作文病句也在原住民學童的學習上一直存在。在句子中，句子是否通順並明確表達意思與詞語運用是否得當有很大的關係。「詞」是最小的能夠自由且獨立運用的語言單位，也是構成短語（或詞組）與句子不可缺少的基本語言單位。每個詞都有自己的特定意義及語法功能，如果不了解詞義將無法就詞義的輕重、用詞的範圍大小及感情色

彩上的褒貶等方面作出正確的使用。此外,因句子是由不同詞連接所組成,在遣詞用字時倘若無法遵守詞類的語法功能作搭配,就會產生不合語法的句子。

舉例來說:「＊今天真是在這藍天白雲的好天氣,我又躺在綠油油的草地。」(E,P-1-01-02)與「＊於是我們到了頂樓於是我就有了怕怕的感覺。」(A,T-1-07-05)這兩組句子都有錯誤的地方。在第一句中,作者要描寫當時天氣極佳,身在其中且舒服的感覺。卻錯誤的使用了「真是」這個詞語。況且「藍天、白雲」都是名詞,不宜當作形容詞來修飾天氣。倘若要修改該句,可把它改成:「今天的天氣極佳,我躺在綠油油的草地上,感覺真是好啊!」而第二句,作者一開頭的連接詞使用就出現錯誤。「於是」這一個連接詞是使用在某個動作或行為後的連接詞,例如:「他聽到這樣的消息後,於是二話不說離開了現場。」但該句的作者卻在句子的開頭使用「於是」這一個連接詞。另外「怕怕的」也不適合當作形容詞。「怕怕的」似乎是直接由閩南語中的「害怕」轉變而成的。該句宜改成:「我們到了頂樓,我就有了害怕的感覺。」

「＊我們大部分都在玩飛很高,轉很多圈的遊戲。」(K,P-2-08-01)與「＊那是一場激烈的運動會,在跑大隊接力時,大家都非常努力的跑所以成績不會太爛。」(C,T-2-23-02)這兩組句子在使用「在」這個字的用法都出現了錯誤。「在」作為介詞用時,常與時間、處所、方位等詞語組合。分析此句應為:我們(人)+在+處所(+方位詞)+動詞(組)。表示誤將動詞組「飛很高」當作代表處所的名詞組。第一個句子可改為「我們大部分都在那裡玩得很高,轉圈的遊戲」。而另一句子應改為「那是一場激烈的運動會,在進行大隊接力的比賽時,大家都賣力的跑,所以成績不會太爛」。

概念是客觀事物的本質在人們頭腦中的反應,而概念是透過詞語來表達的。如果能恰當地選用詞語,就能夠準確表達說話者所欲表達的想法、看法。倘若對此詞語的詞義輕重、詞義褒貶及用詞的範圍大小未能確實掌握,不能準確地使用詞語就會產生語意上、語序上、邏輯上的錯誤。所以句子所表達的意思是否通順、明確和詞語是否運用

得當有很大的關係。「＊我要感謝老師們的教導我，讓我有坐春風的感覺。」（C，T-2-24-02）「＊今天是一個晴空萬里的日子，我帶著朋友到一個公園玩。」（E，P-1-02-01）在第一個句子中，作者想表達的是「如沐春風」的意思，因誤解「如沐春風」而變成作者本身可以坐或擁有的意思。此句可改成「感謝老師的教導，讓我們每個人都如沐春風」。第二個句子中，直接用「晴朗」來形容天氣即可，另外公園最好使用「一座」來形容。此句可改成「今天的天氣晴空萬里，我帶著朋友到公園玩耍」。

「＊等到我有困難的時後他們都會和我一起討論；有東西的時後我們會一起分享，所以我和朋友的感情，就像小花小草一樣。」（L，P-1-01-03）「＊每個人都有一、兩個優缺點，缺點改過來變成優點，是最好不過了。」（B，T-1-22-01）在第一個句子中，作者想傳達自己與同學之間的情感像什麼一樣，但是卻使用「小花小草」來形容彼此的情感，讓人看不懂。倘若句子改成「等到我有困難的時後他們都會和我一起討論；有東西的時後我們會一起分享，所以我和朋友的感情，就像小花小草一樣那麼親密」。第二個句子中，「改過來」與「變成」都為動詞，猜想作者在該句中有兩個意思，一是將缺點改正，二是擁有優點。倘若將此句改成「每個人都有一、兩個優缺點，倘若將缺點改正是最好不過了」；或是「每個人都有一、兩個優缺點，倘若將缺點改正，而且維持本身現有的優點是最好不過了」，就妥適了。

「＊聽到海的聲音我就一直隨著波浪搖擺，我看到有些女生穿的非常刺。」（K，P-2-03-03）「＊每個人多多少少都有些可貴的優點，但是人非聖賢，誰能無過。」（B，T-1-24-01）在第一個句子中，作者使用了「刺」這一個字，猜想應該是筆誤，將「辣」寫成「刺」。但是「辣」這個字是使用在對食物的感覺上。很多原住民學童所會的形容詞詞彙不多，加上受到電視、報章雜誌的影響，常常會把不懂的形容詞用錯。本句可改成「＊聽到海的聲音我就一直隨著波浪搖擺，我看到有些女生穿的很辣」。第二個句子中，「人非聖賢，誰能無過」是形容每個人都難免犯錯，該句的前半段是說明每個人都有各自擁有的優點，後半段卻使用的這樣的形容詞，使得前後句的句意不明。此

句可改成「人非聖賢，誰能無過。但我相信每個人身上多多少少都有一些可貴的優點」。

「＊全班同學很累的在打掃，沒有人偷懶。」（I，P-2-04-04）「＊整天泡在書堆裡猛看書，直到最後我才發現很久沒看到太陽了。」（A，T-1-21-04）第一個句子中，作者想要表達認真的概念，但卻錯誤的使用「很累的」修辭。一般而言，句子的呈現是：S＋V＋O。例如：我打掃時很認真。但作者卻把句型寫成：S＋O＋V。這樣不合語法修辭，本句宜改成「全班同學都很認真的在打掃，沒有人偷懶」。第二個句子中，作者使用「猛」這個字來形容看書的態度，雖然「猛」這個字有強烈、劇烈的意思，如猛火、猛烈。倘若改成「整天在書堆裡猛讀」比較恰當。在本句後半段，推想作者是想形容讀書的用功程度，接近昏天暗地的狀況。因此本句可改成「整天泡在書堆裡猛讀，直到最後我才發現很久都沒出外走走了」。

上述幾組句子中，都有病句。不論是原住民或平地學童，在寫作的過程中難免會創作出不恰當的句子。但是眾多的作文病句研究，幾乎全以平地學童的作文病句進行分析探討。此外，雖然所提出的改善策略與補救辦法很多，但是在國小作文病句研究中，還沒有學者對於原漢學童作文病句的差異性提出討論。所以本研究將試著找出原漢學童作文病句的差異，並提供個別的補救途徑，讓國小作文病句的研究更加完善。

第三章　作文病句的界定

第一節　作文病句的定義

　　所謂病句，是指句子的語法不合乎規則，如錯別字、標點符號誤用、用詞不當等毛病。講話時如果有明顯的錯誤，憑著我們對語言的認知再把它唸一兩遍會發現；有時候毛病比較隱晦，似是而非，憑感覺不一定能看出問題在哪裡。如果有一些語法知識，分析一下句子結構，那就能幫助我們找出毛病所在。高葆泰對病句的定義是：「病句，顧名思義，就是有毛病的句子，沒有把意思正確地、通順地表達出來的句子。」他認為病句分成思想內容方面及語言運用方面的病句，而語言運用方面的病句又因不同的情況，可細分用詞方面、造句方面、標點符號方面及修辭方面的病句。他認為有毛病的句子是病句。換句話說，病句是因為句子有語病而造成的。（高葆泰，1981：197）

　　唐郁文、施匯章、莫銀火認為：「違背語言法則的句子就是病句，簡而言之，病句就是指常見語法錯誤的句子。」（唐郁文、施匯章、莫銀火，1993：90-91）他們認為只要讀起來不那麼順暢、意思不清晰、不明白的句子，就是不正常。如果不是為了某種特殊的需要而故意這樣做，那就是病句。王艾錄指出病句就是「違背了句法選擇規則、語義選擇規則、語用選擇規則其中一項、兩項、或三項的語符串。」（王艾錄，1994：69）孟建安認為，病句指的是在詞語、語法、邏輯、修辭方面有錯誤的句子，也就是不合用詞規則，不合語法，不合邏輯，不合修辭，又不能準確表達語意，令人費解的語句、語段，都可稱為病句。（孟建安，2000：2）

　　程美珍等人則指出說出來的話或寫出來的句子違背漢語的組合規律，或違背客觀事物的事理，有礙交際，這樣的句子就是病句。（程美珍等，1997：1）廖茂村在《增進學生造句能力的有效教學策略》的研究中認為病句就是唸起來很拗口的句子，文法、語式、標點使用、語意表

達等方面，都有或多或少的缺失。而病句發生的原因與型態為詞語應用不當、用詞重複、誤寫錯別字、不符合約定俗成的習慣用法、國語和方言夾雜使用、語意表達不夠完整、用詞不雅、 轉折銜接不順暢、成語誤用、濫用、標點符號誤用或脫落。（廖茂村，2005）綜合以上所見，運用語言時必須遵守一定的語言法則、語言規範。倘若違反，所表達的句子將會出現不通順、表達不明確、意思不清晰等情形，我們就可以稱此種句子為「病句」。

第二節　作文病句的類型

在病句的分類上，各家的分法並不相同。呂叔湘、朱德熙在《語法修辭講話》一書中，分別從詞彙、虛字、結構、表達及標點符號等五方面就相關語法進行解說，並舉出錯誤的語句進行分析。（呂叔湘、朱德熙，2002）陸士楠在《小學生作文病句修改 1000 例》一書中將病句分成用詞方面、造詞方面及事理方面等常見的錯誤。（陸士楠，1993）

中國大陸為了加強語文知識特別將病句辨析納入高考語文基礎知識考察要點之一。在高考及大學入學考試「考試說明」中將病句分成「語法」與「邏輯」兩大方面，且歸納出語序不當、搭配不當、成分殘缺或贅餘、結構混亂、表意不明、不合邏輯等六種類型。（高利霞，2004）。唐郁文、施匯章、莫銀火將病句的類型大致上歸類為成分殘缺、成分多餘、搭配不當、語序失調及結構混亂、語類誤用及顧此失彼，張冠李戴等類型（唐郁文、施匯章、莫銀火，1993）；而周惠貞、戴興海將病句分為語詞的誤用、結構混亂的句子及句意費解的句子等三大類型，而且每一類型又細分成好幾種錯誤，共分成三大類十二項。（周惠貞、戴興海，1995）

孟建安在《漢語病句修辭》一書中將病句分成詞語運用、句子結構及語意表達三種類型。（孟建安，2000）陳一提出結構、語義及語用三個平面的概念來進行病句類型分析並劃分，在結構平面分成詞類誤用、小句結構的錯誤語句及複句的錯誤語句三類，結構平面中各類的分項與孟建安的分項相似。（陳一，2002）

　　曾雅文曾就國中學生作文中的病句進行研究，藉由收集、分類與歸納得知國中生作文中常出現的病句類型。在其研究中將語料分成「語義病句」和「結構病句」兩大類。（曾雅文，2004）趙文惠將病句分類成語序不當、搭配不當、成分殘缺或贅餘、結構混亂及不合邏輯等五類。（趙文惠，2004）譚曉雲、趙曉紅從語彙規則、語法規則、語用規則、邏輯規則的分析中識別病句的類型，將病句分成語彙病句、語法病句、語用病句、邏輯病句等四類病句。（譚曉雲、趙曉紅，2005）李美萍以語法的觀點對病句類型加以解釋，其將病句分成用錯詞語、搭配不當、成分殘缺、成分贅餘、雜糅、歧義等六類。（李美萍，2006）

　　從上述研究中不難發現各家的病句分類僅是研究涵蓋範圍及名稱定義的不同。如唐郁文等人所歸類的成分殘缺、成分多餘兩類，於周惠貞等人的研究則合併歸類為「結構混亂的句子」；而在孟建安的病句分類中，則歸為「句子結構的病句」裡的成分殘缺不全與成分多餘兩項。綜觀病句分析的架構，大多吻合孟建安所提出詞語運用、句子結構、及語意表達三種類型。因此，本研究擬以孟建安的分類作為病句類型的主要架構，對學童的病句進行分析與歸類，並就結果再進行其內容細項的擴充與刪減，使所歸納的類別更符合原漢學童常出現的病句類型。

　　本研究的病句類型分類結果如圖 3-2-1 所示：

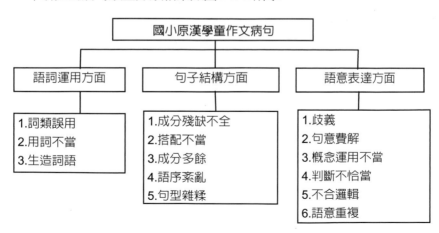

圖 3-2-1　國小原漢學童作文病句類型

一、詞語運用方面

　　句子是否通順並明確表達意思與詞語運用是否得當有很大的關係。「詞」是最小的能夠自由且獨立運用的語言單位，也是構成短語（或詞組）與句子不可缺少的基本語言單位。每個詞都有自己的特定意義及語法功能，如果不了解詞義將無法就詞義的輕重、用詞的範圍大小及感情色彩上的褒貶等方面作出正確的使用。此外，因句子是由不同詞連接所組成，在遣詞用字時倘若無法遵守詞類的語法功能作搭配，就會產生不合語法的句子。

（一）詞類誤用

　　詞類是詞在語法上的類別，可以反映出詞的語法特點。漢語的詞類劃分是根據詞的語法功能。其目的在於指明各類的詞的特點和用法，說明語法結構的規則，從而提升組詞造句的能力。

　　劉月華、潘文娛、故韡等人的《實用現代漢語語法》根據語法功能將漢語的詞分成實詞和虛詞兩大類，實詞可分成名詞、動詞、形容詞、數詞、量詞、代詞、副詞七類；虛詞則包括介詞、連詞、助詞、象聲詞四類。各種詞類具有不同的語法特性，例如：名詞一般用來當作主語或賓語，很少用來當作狀語。因此在使用詞語時應注意詞的語法功能，避免詞類混淆，而造成詞句語意不明確、結構不完整的問題。（劉月華、潘文娛、故韡，2001：4）

1.1 誤名為動

　　原：＊他們用熱情的舞龍舞獅歡迎我們。（F，P-1-03-05）
　　漢：＊每現在我已經不怕作文了，所以現在我也不會把作文放在
　　　　最後了。（B，T-1-04-05）

　　在原住民學童的句子中，「舞龍舞獅」是一種表演的名稱，本是名詞，卻置於「歡迎」前的動詞位置上，表示把名詞誤用為動詞，應

該改為「他們也表演舞龍舞獅來歡迎我們」。在第二個句子中，作文是名詞，在此誤名為動，應該在作文前加上動詞「寫」字，本句可改為「現在我已經不怕寫作文了，所以我不會把作文這項作業放在最後才完成。」

1.2 誤形為名

原：＊我最喜歡讀書了，因為可以讓我懂事。（I，P-2-04-01）
漢：＊在老師發作文時他都會將寫得比較好的唸出來給大家聽。
（B，T-1-04-03）

「懂事」是形容一個學生明白事理，並不能當作名詞。所造出的句子或短語「這個學生實在很懂事，從不讓老師們擔心。」都符合語法規則，因此可判定「懂事」為形容詞。此句可改為「我最喜歡讀書了，因為讀書讓我懂得很多道理」。第二句子中，學生將「寫得比較好」當成形容詞，用它來當成一篇「文章」，該句應改成「老師發還作文簿時，都先唸比較優秀的文章給我們聽。」

1.3 誤動為名

原：＊我的嗜好之二當然就是跑步。（I，P-2-05-02）
漢：＊這次的水災，讓山上出現的土石流。（A，T-1-04-02）

「跑步」是一個動作，並不能當作名詞。該句應改為「我的另一個嗜好是跑步」。而第二個句子中，「出現的土石流」推測作者的原意應是「土石流的產生」，卻直接把這一個動詞組直接寫成名詞「土石流」，所以該句應改為「這次的水災，在山上發生土石流。」

（二）用詞不當

概念是客觀事物的本質在人們頭腦中的反應，而概念是透過詞語來表達的。如果能恰當地選用詞語，就能夠準確表達說話者所欲表達的想

法、看法。倘若對此詞語的詞義輕重、詞義褒貶及用詞的範圍大小未能確實掌握，不能準確地使用詞語就會產生語意上、語序上、邏輯上的錯誤。所以句子所表達的意思是否通順、明確和詞語是否運用得當有很大的關係。

　　呂叔湘、朱德熙曾經說過：「我們常說『用詞不當』。一個詞如果不是生造出來的，它本身是無所謂當與不當的，只有把它放在特定的上下文裡，才發生當或不當的問題。」在使用詞語時，除了需理解詞語的含義和用法，考慮詞語使用的對象和範圍，還需配合上下文的語境，才不會造成用詞不當的語病。（呂叔湘、朱德熙，2002：37）

2.1 不解詞義而造成誤用

　　　原：＊運動可以減肥，能促進心陳代現，更能維待身體的健康。
　　　　　（Ⅰ，P-2-09-02）
　　　漢：＊我決定要向移山倒海的徒公學習，我以後做事一定要有移
　　　　　山倒海的精神。（B，T-1-05-03）

　　「新陳代謝」是指一切事態更新除舊的過程或生物體細胞中各種化學反應的總稱。該句應改為「運動可以減肥，更能維持身體的健康」。而第二個句子中，「愚公移山」比喻努力不懈，不畏艱難，自能成事。而作者卻誤用了這個詞語，所以該句應改為「我要秉持著愚公移山的精神，作任何事情都不輕言放棄。」

2.2 量詞的誤用

　　量詞是表示事物或動作的數量單位的詞。量詞可分成名量詞和動量詞兩大類。量詞的數量很多，不同的量詞有不同的用法，往往會被要求與不同名詞相搭配。只有恰當地使用，才能順利地表達語意。量詞的種類繁多，學生在使用上容易產生誤用的情形，其中又以「個」來代替所有的量詞的錯誤最多。

　　　原：＊沒過多久，我就跟那個小朋友分開了。（K，P-2-09-03）

漢：＊過了一下下之後飛機就起飛了我覺得起飛的時候很好玩。
　　　（D，T-2-11-01）

「個」這個量詞不可用來修飾人。本句應改為「沒過多久，我就跟那位小朋友分開了。」而第二句子中，「一下下」似乎是口語的用法，作者想用「一下下」來形容時間的短暫是錯誤的，本句可改為「過了一下子之後，飛機就起飛了。」

2.3 連詞的誤用

連詞是用於連接兩個詞、短語、分句的詞。表示被連接的兩個語法單位的各種關係，不起任何修飾或補充的作用。常用的連詞有「和」、「與」、「不但」、「而且」等，每一個連詞，用法不盡相同，倘若誤用則會產生病句。

2.3.1「和」的誤用

連詞「和」用於連接類別或結構相近的並列成分，表示平等的聯合關係。使用連詞「和」時必須注意連接的成分必須屬於同類的結構，簡單地說，上面是個動詞，下面也要是動詞，倘若上下不同類，就會形成病句。

原：＊看完、吃完、玩完和買完都結束了，我們就要回去了。（J，
　　　P-2-08-05）
漢：＊如果要說我最喜歡什麼科目的話，只有兩個，就是，數學、
　　　電腦。因為數學有時很簡單，和很好玩，然後電腦因為有時
　　　老師會讓我們玩電腦。（C，T-2-03-02）

「和」連接「玩完」及「買完都結束了」，「玩完」為動詞組，而「買完都結束了」是名詞組，二者的結構與類別並不相同，不適合用「和」字作連接。此句可改成「等到看完、吃完……我們就要回去了」。第二句子中，「和」不能放在句頭，此句可改成「因為數學有時簡單而很有趣。老師有時還會讓我們玩電腦遊戲。」

2.3.2「還有」的誤用

「還有」倘若用於並列結構，結構中常具有三個以上對等且同範疇的成分，並且僅出現於最後一個成分前。如：我和哥哥，還有妹妹一起去旅行；我喜歡吃香蕉、蘋果、橘子，還有水蜜桃。

原：＊星期六，我跟爸爸還有弟弟還有妹妹還有我到田裡工作。
（I，P-2-10-05）

漢：＊我下次希望去韓國的時候可以有很多的時間起去玩很多的東西，還有去很多的景點看一些比較有用的東西。（D，T-2-01-06）

第一個句子使用太多「還有」，宜刪減讓句子簡化。應改成「我跟爸爸、弟弟還有妹妹到田裡工作。」第二句子可改成「下次去韓國的時候，我希望能有多一點的時間去各地遊玩還有參觀更多的景點。」

2.3.3「既……又……」的誤用

原：＊曾老師是好老師，我覺得他既嚴格又認真。（I，P-2-04-05）

漢：＊相處了一年的時間，感覺老師既溫柔又嚴格。（B，T-1-15-05）

「既……又……」中間加入形容詞時，基本上兩個形容詞必須是同向的，也就是說二者要麼就是褒義，要麼就是貶義。「嚴格」與「認真」無法用連詞「既……又……」表示並列關係，此句可改用「曾老師是一位好老師，上課很認真，對我們每一個同學都很嚴格」。第二句可改成「相處了一年的時間，老師雖然對我們很溫柔，但是對我們做人做事的要求卻很嚴格」。

2.3.4「如果」的誤用

原：＊啊如果地球沒有植物的話地球可能人類也會沒有。所以一株小草也不能太小看他（G，P-1-07-05）

漢：＊如果每個人都會有缺乏自信的時候，所以要相信自己、肯定自己，不要怕全力以赴，就算事情失敗了、做錯了也沒有關係。（B，T-1-34-04）

連詞「如果」用來表示假設關係。第一句中，連詞「如果」用於前一句，後一句推斷出結論，可用「就」與「如果」相呼應。而「如果……」。此句可改成「如果地球沒有植物的話，人類就可能也不會存在。」第二句子中，使用「如果」這個詞語錯誤，可將該句改成「每個人都會有缺乏自信的時候，要相信自己、肯定自己，如果失敗了，也沒有關係。」

2.3.5 副詞的誤用

2.3.5.1 缺乏副詞

原：＊太陽一露臉，我們就起床，經過一夜的休息，讓我們的精神飽滿。（F，P-1-02-02）

漢：＊在走路的時後天氣熱大家都想去買飲料喝。（A，T-1-11-04）

「太陽一露臉」句中缺乏副詞「很」來修飾「精神飽滿」，宜補上。第二個句子應改成「在走路的時候，天氣很熱，大家都想去買飲料來喝。」

2.3.6 介詞的誤用

2.3.6.1 缺乏介詞

原：＊夏天熱死了，吃冰感覺很好。（I，P-2-02-03）

漢：＊暑假放完了，就該收心了，暑假工課寫一寫，快快樂樂上學吧。（A，T-1-30-06）

第一句中，缺少介詞「的」來與「感覺很好」組成介詞短語，此句宜改成「夏天熱死了，吃冰的感覺很好」。第二句可改成「暑假結束了，就該收心了。暑假功課完成後，快快樂樂的上學吧。」

2.3.6.2 代詞的誤用

原：＊因為夏天我長的比較快所以長很高的時候就要被砍了，所以我很害怕被砍了，所以我希望夏天快一點走。（G，P-1-06-01）

漢：＊這題英文題目真難，對了去表姊好了，我的表姊英文非常的好，所以這一題對她來說只是九牛一毛而以。（B，T-1-23-02）

第一個句子中，「我」代表的是小草本身不恰當，本句應改成「因為夏天小草長的比較快，所以長得很高時就要被砍掉了。」而第二個句子中，「九牛一毛」並不適合形容本句，本句可改成「表姊的英文程度很好，所以這一題對她來說輕而易舉就能完成了。」

2.3.6.3 方言使用習慣造成用詞不當

學生寫作時有些會受方言使用習慣影響而犯了用詞不當的錯誤，以下「用……」（用+賓語、用+補語）、「有+V」、「在……」等用法是受閩南語使用習慣影響而產生的錯誤的用法。

2.3.6.3.1「用」字的誤用

原：＊在那裡有很多用現代科技發展的觸碰式遊戲。（J，P-2-07-04）

漢：＊這個國小的軟體設施非常好，幾乎不用人等，這是非常好的地方。（C，T-2-07-02）

寫作者在表達動作進行的方式或動作的結果時，習慣使用「用」字，但並未考慮「用」能否與後面的賓語或補語搭配，因此產生用詞不當的錯誤。應根據上下文語義，把「用」改為可適當表意的詞語。如第一句「用」應改成「運用」，第二個句子「用」應改成「必」。

2.3.6.3.2「有」字的誤用

原：＊我的能力沒有那麼弱因為別人做不到的事我的都做到，就是代表有學習。（I，P-2-04-03）

漢：＊我生病了，媽媽有拿藥給我吃藥。（A，T-1-27-04）

　　湯廷池在〈從句子的「合法」與「不合法」說起〉一文提出：國語動詞的完成時態，原是把「了」加在動詞之後而成。但是年輕一代所使用的國語，卻在臺語句法的影響及語言規則化的趨勢下，以「有」來代替「了」，並且把「有」加在動詞的前面。（湯廷池，1979：66）另根據孫麗翎在《國小兒童作文常犯錯誤分析研究》中指出，表示過去的經驗或在說話當時已存在的動詞狀態，「有」字是動詞前的贅加字，是可以省略的。而這一類的「有」字句，閩南語的用法是修飾動詞的助動詞，相當國語完成式中詞尾「了」的用法，所以上述學童作文的句子，「有」字幾乎都可以省略，再於動詞後加上「了」字。（孫麗翎，1998）

　　依據上述的規則修改例句，第一句可改成「別人做不到的事我都做到，這樣代表我有學習到老師所教導我們的東西。」第二個句子可改成「我生病了，媽媽拿藥給我吃。」

2.3.6.3.3 其他受方言影響而誤用的詞語

　　原：＊舅舅帶我們去一個地方玩那裡超好玩。（K，P-2-02-02）
　　漢：＊我拿起課本翻到要教頁數靜靜地聽著老師在黑板上碎碎唸，說真的有些我還真有聽沒有懂。（C，T-2-12-01）

　　「超」當作動詞用具有越過、趕過的意思。當作副詞用有「特出的」的意思。如：「超人」、「超拔」。依句意而言，第一句中「超」無符合上述用法，宜改成「舅舅帶我們去一個地方玩，我覺得很好玩」。而第二個句子中，「碎碎唸」用臺語發音會比國語唸起來更通順，因此學生在此受其方言使用習慣影響而造成用詞不當。可把「碎碎唸」，改成「講解」。

　　隨著時代的變遷，新的知識、新的事物相繼而生，為了記載這些新資訊就需創造出相應的新詞語來表達。高葆泰認為創造新詞語，除了必須遵守漢語的構詞規律外，還必須考量其必要性，沒有現成的詞語可以代替才創造新詞語，而創造出的新詞語的意義必須十分明確。（高葆泰，1981：43-44）但因寫作者語彙能力不足，掌握的詞彙太少，在表達思想感情時，找不到適用的詞語，又不肯多花心思推敲或是寫作者標新立

異心理作祟，放著現成的詞不用，而生造詞語。生造詞語，意指除了表達者自己了解詞義以外，其他人不理解詞語所表達的意思，以致常令人摸不清句意。

　　＊我還有玩騎馬的根本就不行第一名。（J，P-2-02-05）
　　＊這次的旅行我玩到樂不思蜀。（D，T-2-24-03）

　　「騎馬的」是動詞組，推測應該是一種遊戲名稱，此句可改成「我還有玩騎馬的的遊戲」，而第二個句中「樂不思蜀」比喻樂而忘返或樂而忘本。此句應改成「這次的旅行我玩到樂不可支。」

二、句子結構方面

　　構成句子的結構成分是否齊備，成分之間的關係是否協調，成分呈現的順序是否符合語法規則，這些都是檢視句子是否在結構上有錯誤的要點。以下就成分殘缺不全、搭配不當、成分多餘、語序紊亂、句式雜糅等五點加以說明：

（一）成分殘缺不全

　　「句子」是詞和短語按照語法規則組合，用來表達一個完整意義的語法單位。當人在與人溝通或在寫作文章時，都會盡其所能地利用完整的結構來準確表達其意。除某些特定的語境可省略特定的詞語外，倘若句子不當省略將會造成成分殘缺。

1.1 主語殘缺

1.1.1 整句缺乏主語
原：＊那裡的最頂樓，那裡超好玩的。（J，P-2-02-04）
漢：＊終於放暑假了，雖然終於可以不用上學了，可是，還有一件事那就是要改掉壞習慣。（B，T-1-17-02）

從第一個句子中，是誰覺得好玩，明顯地缺乏主語，此句宜加上主語，改成「那裡的最頂樓，我覺得很好玩。」第二個句子也是缺乏主語，可改成「終於放暑假了，雖然我不用上學，可是還有一件重要的工作要完成 ，那就是要改掉壞習慣。」

1.2 前一分句缺乏主語，造成前後分句主語不明

> 原：＊我們在看表演時第一聲炮竹讓我們下面的觀眾嚇到。（J，P-2-02-03）
>
> 漢：＊我不但學到了許多籃球的技巧，也交到了許多本來不認識的人。（A，T-1-18-02）

「我們下面的觀眾」此分句缺乏主語，倘若回指不當會沿用前句的主語「我們」，會令人產生誤解。而第二個句子中，不知道是誰交到不認識的人。所以第一句應改成「當我們在欣賞表演時，第一聲炮竹讓我們嚇了一跳」。第二句則應改成「我不但學到許多籃球技巧，也結交了許多原本我不認識的人。」

1.3 動詞殘缺

1.3.1 缺乏述語動詞

一個句子通常可以分成主語與謂語兩個部分，謂語主要由動詞（短語）、形容詞（短語）、名詞（短語）及主謂短語充任。動詞短語充當謂語時，謂語依結構可再細分成述語動詞、狀語、補語與賓語等。但其中不可缺少的為述語動詞；倘若缺乏會使句子不合法或句意不明。以下就原漢學童缺乏述語動詞的病句加以說明：

> 原：＊那裡的最頂樓，那裡超好玩的。（J，P-2-02-04）
>
> 漢：＊因為一個人再家也會無聊，所以還是別過暑假好了。（A，T-1-25-04）

短語「好玩」前缺少述語動詞「很」來與前面的主語連接。依句意可改成「那裡的頂樓很好玩。」第二個句子中,「無聊」前缺少述語動詞「很」來與前面的主語連接,依句意可改成「因為一個在家很無聊,所以放不放暑假都沒關係。」

1.3.2 缺乏情態動詞

原:＊每個人都興奮不以。（J,P-2-09-01）

漢:＊過了幾天,總算有了,超開心的。（A,T-1-33-07）

「興奮不已」前可加上「感覺到」比較恰當。而第二句子中,「有了」不知道代表什麼意思,依句意可改成「過了幾天,家中終於有水用了,真開心。」

1.3.3 缺乏助動詞

原:＊因為他脾氣好,又愛唱歌有時還叫我幫他吹笛子伴奏呢。（I,P-2-11-04）

漢:＊因為要去韓國會下雪,所以我跟弟弟才睡不著。（D,T-2-01-02）

湯廷池（1979:1）指出國語的助動詞「會」具有兩種意義與用法。第一種為「能力的會」,用來表示知能、技能、體能等各方面的能力。第二種為「預斷的會」,表示對於事情發生的可能性作一個判斷。第一個句子中,少寫了「會」這個字。因此,此句可改成「因為他脾氣好,又愛唱歌,有時還會請我幫他伴奏呢」。而第二個句子可改成「因為到韓國時可能會下雪,所以我跟弟弟才睡不著。」

1.4 賓語殘缺

原:＊我們大部分都在玩飛很高,轉很多圈的遊戲。（K,P-2-08-01）

漢：＊我下次希望去韓國的時候可以有很多的時間起去玩很多的
東西，還有去很多的景點看一些比較有用的東西。（D，
T-2-01-06）

述語動詞「玩」之後需接雙賓語，如：玩飛盤。此句「請」字後只
出現「很高」一個形容詞，缺乏「動賓短語」來作補述賓語，所以不知
道玩什麼遊戲。本句可改成「我們大部分都在進行飛得很高，和轉圈的
遊戲」。第二句則改成「我希望下次到韓國的時候，可以有很多的時間
去玩更多的東西」。

1.5 述語形容詞殘缺

述語形容詞為謂語中用來描寫事物性質或狀態的形容詞。國語課本
中句型練習中常出現「就像……」、「好像……」等明喻修辭的造句，
原漢學童在這一類的造詞中常會缺少作為喻解的述語形容詞。

原：＊而且每當我疲勞的時候我就會唱一首歌，疲勞和憂愁魔術
師一樣把東西變不見似的真神奇啊。（I，P-2-06-01）
漢：＊哥哥就像老師教我。（A，T-1-14-05）

以上兩句都屬於述語形容詞殘缺的類型，都須加上形容詞當作喻解
來加以說明喻體與本體的關係。如第一句可改成「每當我疲勞的時候我
就會唱一首歌，疲勞和憂愁就像是魔術師變把戲一樣消失的無影無蹤」。
而第二句可改成「哥哥教導我寫作就像是老師一樣。」

1.6 狀語殘缺

原：＊太陽一露臉，我們就起床，經過一夜的休息，讓我們的精
神飽滿。（F，P-1-02-02）
漢：＊深怕一個閃失，就會把內容整個亂掉。（D，T-2-18-03）

　　第一句可改成「太陽一露臉，我們便起床。經過一夜的休息，讓我們的精神十分飽滿」。第二個句子則改成「深怕一個閃失，就會把整個內容打亂掉。」

（二）搭配不當

　　句子由不同成分構成，這些構成句子成分之間的搭配要符合邏輯、符合語法及符合修辭。倘若其間的搭配不合理，無法兼具符合邏輯、符合語法及符合修辭的要素，就會形成搭配不當的情況。學習、掌握一個詞語，就是對某一客觀事物作抽象認識。句子中出現搭配不當的錯誤，也大都是充當句子成分的詞語沒有準確反映概念或概念之間的聯繫。莊文中認為要避免其錯誤，除了仔細去了解每個詞的意義，還需注意哪一些詞是適合搭配的。（莊文中，1999：32）

2.1 主謂搭配不當

　　　　原：＊小朋友全都在溜滑梯玩耍。（E，P-1-03-04）
　　　　漢：＊我還喜歡上體育課，由於上體育課可以打球，不但有趣，
　　　　　　　還可以健身運動呢！（C，T-2-25-02）

　　溜滑梯是一個遊樂器材，但作者卻把它當成一個進行的遊戲。此句可修改成「小朋友全都在溜滑梯那裡玩耍」。第二個句子則改成「我喜歡體育課，因為上體育課時可以打球，不但有趣，還可以健身呢！」

2.2 述賓搭配不當

　　　　原：＊愛不虛要金錢，愛不虛要勢力大的人，只要一顆真誠且於
　　　　　　　熱心的心。（H，P-1-04-02）
　　　　漢：＊我站起來紀練騎。（D，T-2-27-02）

　　動詞述語「需要」可搭配的賓語有食物、水分等，此句的賓語為「勢力大的人」，適合跟它搭配的動詞述語為「需要」，此句因選錯動詞述語而造成述賓不當，此句可改成「愛不需仰賴金錢，不用仰賴勢力大的人」。第二句可改為「我站起來之後繼續練習騎單車。」

2.3 定中搭配不當

　　原：＊當我在路上走路時，聽到教堂傳來一首歌唱著愛是恆久忍耐。（H，P-1-07-01）
　　漢：＊在我二年級下學期第三次月考。（D，T-2-29-03）

　　第一個句子中「傳來」是指散布、輾轉流布的意思，不能用來表示歌曲的內容。此句可改成「教堂傳來一首歌，那首歌唱著：愛是恆久忍耐」。而第二句可改成「在我二年級下學期的第三次月考。」

（三）成分多餘

　　所謂「言簡意賅」，用精簡的句子明確表達意思，但是如果當句子的構成成分已明確表達語意時，就不需要再去添加不必要的成分，以免破壞語句結構的完整性，造成語句上的干擾。國小原漢學童「成分多餘」的病句如下：

3.1 賓語多餘

　　原：＊走進去之後看見魚自由自在的游來游去的魚，自己也像條小魚自由字在、無憂無濾的。（F，P-1-04-09）
　　漢：＊我要謝謝同學，是他們在我錯誤時，拉我一把，是他們在我成功的背後推我一把，是他們教我怎麼做人。（C，T-2-21-03）

　　第一個句子中，後面的的形容詞「自由自在、無憂無慮」可以刪除。而第二個句子中，後面兩個代詞「他們」可以刪除。

3.2 主語重複造成累贅

　　原：＊雖然，我不是裡面表現最好的，可是我還是盡力的把球打
　　　　好。（I，P-2-09-01）
　　漢：＊我跟哥哥去的時後我們都很開心跑去看電視看完之後我跟
　　　　我哥就跟著大家全部一起去臺北。（A，T-1-13-02）

「大家」與「全部」在此句都指所有的人，此句宜刪除「全部」。

3.3 詞義重複造成累贅

　　原：＊我看到了好多海生生物，例如：海星、水母……等好多好
　　　　多。（F，P-1-04-06）
　　漢：＊第二天我們中午一起坐船去釣魚，一直釣到下午才上船。
　　　　（A，T-1-29-03）

　　主語已說明好多生物了，賓語就不需再重述好多好多，此句宜刪除
「等好多好多」。而第二句宜改成「第二天我們中午一起坐船去釣魚，
一直到下午才下船。」

3.4 贅詞、贅字

　　原：＊在回程的路上我們都依依不捨的回想這三天發生所有有趣
　　　　的事。（J，P-2-07-05）
　　漢：＊人家不喜歡做的事情，也不要硬要他做。（D，T-2-33-02）

　　第一個句子宜刪除「發生」。而第二句可改成「別人不喜歡作的事，
也不能強迫他。」

（四）語序紊亂

　　語序是指句子中各種成分的排列次序。在漢語中，語序受到邏輯事
理和語言習慣的限制，所以各種成分的次序先後受到一定規則的約束。

何容曾在《簡明國語文法》說：「一個符合現代漢語基本語序的句子，其各種成分必須依照邏輯的順序排列，如述語在主語之後，賓語在動詞之後，補語在動詞或賓語之後。」（何容，1973：25）因此，如果違反這些語序規則，就會使句子的表達不合情理、甚至產生歧義。

> 原：＊看完了很多種魚後，吃完午餐後，因為很熱，我問老師可不可以玩水。（J，P-2-01-05）
>
> 漢：＊如果老師沒說上課大家根本就會一直玩，不管什麼樣的回憶大家因該都體驗過了吧。（C，T-2-17-03）

定語是限制主語中心和賓語中心的成分。前一句分句中「吃完午餐」為賓語，也是中心語；而「玩水」也是修飾語。一般而言，定語會在賓語（中心語）之前，用來修飾賓語。所以此句應改成「看完魚、用完餐後，我問老師：可不可以玩水。」

（五）句型雜糅

語言表達的形式與語意內容的聯繫是很靈活的，同一個意思，往往可以用不同的語言形式來表達，但在具體的表達過程中，一個意思一次只能選擇一種表達模式，倘若把兩種不同的句法架構混雜在一個表達模式中，會造成語句混亂、語意糾纏，這樣的語病就稱為「句型雜糅」。

5.1 兩式相糅

> 原：＊然後我們還坐馬車逛了初鹿牧場一圈，我們還吃冰喝牛奶。（K，P-2-04-02）
>
> 漢：＊在運動中，有助於身體健康，使得強壯，也讓我知道更多運動，但是不能太過於激動，也有可能造成反作用。（C，T-2-33-03）

在第一句中，作者想要陳述「他在牧場繞了一圈。」，又想要說「吃了冰又喝了牛奶。」結果兩句混雜在一起，造成錯誤。而第二句中，作

者想陳述「運動讓身體健康、強壯。」又想要說「太激動會造成反作用。」
兩句混雜在一起，造成錯誤。

5.2 藕斷絲連

> 原：＊到最後我們就回去了，我覺得和父母出去玩是一件非常好
> 　　的事。（K，P-2-04-03）
> 漢：＊下課的時候我喜歡和朋友一起渡過，我喜歡和好朋友在一
> 　　起，這樣讓我的心很快樂又輕鬆。（C，T-2-35-02）

此句本要表達兩個意思一是「回去了」，一是「和父母出去玩」。句中
把這兩句混雜在一起，「回去」既作了前一句的賓語，而後一句的主語又提
到「和父母出去玩」，但又不符合兼語句式的條件，所以只能把該句算作句
型雜糅。可修改成「回去後我覺得和父母出去玩是一件非常快樂的事。」第
二個句子可改成「下課的時候和朋友一起度過，讓我的心情快樂又輕鬆。」

三、語意表達方面

句子是語言運用的基本單位。在與人溝通時，對話者對句子最基本
的期望便是語言的可理解性，圍繞著可理解性，語言的各種規則才得以
建立。在語言中的詞語運用、成分搭配、結構關係、結構層次，大都反
映思維的邏輯性，因此說話、寫作時必須將語意清楚明確地表達出來，
倘若語意的思維邏輯混亂就會產生病句。

（一）歧義

多義則是詞語的普遍性質，但歧義卻是一種語病。一種語言的表達
形式是有限的，而人們所要表達的意義則無限的，以有限的形式包含無
限的內容，就必然會出現一形多義現象。在漢語中，多義詞、多義片語
大量存在是正常的現象。但多義詞、多義片語常只在孤獨的情況下才具
有多義性，一旦進入句子則通常只能表達一種意義；否則語言就無法準

確地傳遞訊息了。如果在具體的語境中，一種語言形式仍可以表示多種意義；那麼就犯了歧義的錯誤。語言運用中出現歧義錯誤，多與成分殘缺、多餘或用詞不當有關。

> 原：＊我的嗜好之二當然就是跑步。（Ｉ，Ｐ-2-05-02）
> 漢：＊只要以後努力認真，找出失敗的原因，那怕是幾時次、幾百次，也許第二次就能成功。（Ｄ，Ｔ-2-08-03）

第二句話表現的是：努力之後會成功，或是一下子就成功了？讓我們摸不著頭緒。

（二）句意費解

呂叔湘、朱德熙認為：話說得不明不白，要人家猜測，就叫做「費解」。（呂叔湘、朱德熙，2002：66）形成費解的原因有二種：1.因作者能力不足或由於疏忽，造成句子中的詞語選用不恰當或結構不正確。2.因作者故作高深，弄得讀者對作者所欲表達的意思摸不著頭緒。

> 原：＊媽媽有時後會叫我「古典小妹」，因為我學的樂器都很古典。（Ｉ，Ｐ-2-03-01）
> 漢：＊到了當天比賽時，我全身都不寒而慄得發起抖來，心情也使終無法放開，儼然我像戰敗的公雞，沒有勇氣，直到結束後，才感覺到被釋放的自由。（Ｄ，Ｔ-2-08-01）

第一個句子太短，無法完整表達句意。所以我們無法從此句中，得知符合作者運用「古典小妹」的意思。而在第二個句子中，實在無法得知作者使用「戰敗的公雞，沒有勇氣」這組句子的意思。

（三）概念運用不當

詞語一般反映概念，而概念是人們對客觀事物的概括認識。運用詞語時，倘若沒有準確掌握概念與概念之間的關聯，就容易產生錯誤。國小原漢學童容易錯誤運用「屬種概念」。所謂「屬種關係」中，

屬概念是外延大的，能把種概念的全部外延包容進去的上位概念；而種概念是外延小的，屬概念下的一個小類或一個分子，是下位概念。倘若在語言運用上將屬概念與種概念的詞語組合在一起，構成並列關係，就會形成病句。

> 原：＊打球會讓我有激烈的感覺，所以我覺得打球是我的嗜好。
> （I，P-2-02-02）
> 漢：＊真不敢相信，不過太好了我的努力終於有代價了。（D，
> T-2-34-04）

　　句中的球和嗜好是屬於屬種關係，嗜好是種概念，全部外延包含於打球這個屬概念。此句犯了屬種概念錯誤並列，因此判定為病句。

（四）判斷不恰當

4.1 多重否定，造成意思相反

> 原：＊教室的小朋友，沒有一個小朋友不會不喜歡下課。（I，
> P-2-01-05）
> 漢：＊這顆糖果很好吃，沒有一個小朋友不會不喜歡。（A，
> T-1-33-03）

　　此句由於連用了三個否定詞，把本來是肯定的意思變成否定了，應改成「這顆糖果很好吃，沒有一個小朋友會不喜歡。」

（五）不合邏輯

> 原：＊我們大部分都在玩飛很高，轉很多圈的遊戲。（K，
> P-2-08-01）
> 漢：＊我會害怕是不是因為我，所以沒有第一名。（D，T-2-25-01）

　　在第二個句子中，原因和結果之間沒有絕對的邏輯關係，無法從前提「是不是因為我」推論出結果「沒有第一名」，所以此句推理無效。

（六）語意重覆

原：＊那裡的一切真的超漂亮比我們好山好水的臺東還要漂亮。
（K，P-2-05-03）

漢：＊最後我們用衝的，真是太驚險了好險我們有坐上車。（D，
T-2-34-05）

在第一個句子中，很漂亮與比我們好山好水的臺東還要漂亮的意思是相同的，因此造成語意重覆的情形，所以可擇一刪除。

第三節　作文病句的產生時機

寫作是一種透過觀察、體會、感受將思維活動有順序的表達出來的一種書面文字。從認知取向檢視寫作過程，就以書面語言作溝通，研究書面語言、閱讀理解、文章創作並立研究的方向，寫作的歷程分為計畫、轉譯、和回顧。回顧則包含檢查和修改二部分。

寫作教學研究主要是將教育心理學中以認知訊息，然後運用這些訊息去建立寫出正文的計畫。第二是轉譯，指寫出與寫作計畫相一致的正文。第三是回顧，指使用閱讀和編輯的次歷程，把寫出來的正文加以改進。九年一貫作文教學的教材綱要分為四部分：（一）基本練習：內容為造詞、造短語、造句、句子變化、句型練習、敘寫技巧、審題、立意、選材、組織。在學習安排上，以三年級開始作文，三年級以前，著重造詞、造句、造短語、句子變化、句型練習等基本練習。（二）各體文習作：各體文分為散文、韻文和應用文三部分。（三）寫作練習：文章要點摘錄、讀書報告、卡片習寫、壁報習作、會議記錄、演講稿的撰寫。（四）標點符號的認識和應用。透過寫作的歷程，研究者可以檢視寫作者文章內容知識、長期記憶、寫作計劃或字詞、語法出了問題。（教育部，2003）

有關寫作過程的分析，學者們的觀點不一，張新仁在《寫作教學研究》提到 Elbow 將寫作過程分為：（一）勾繪心中的意念；（二）將意

念轉成文字兩階段。（張新仁，1992：26）Rohman 提出寫作三階段模式：
（一）寫作前；（二）寫作；（三）修改。（Rohman，1965）Applebee
也提出相似的觀點，他將寫作分成：（一）寫作前；（二）寫作；（三）
修改。（Applebee，2005）Britton 將寫作階段分成：（一）預備；（二）
醞釀；（三）下筆為文。（Britton，1978）Legum & Krashen 主張寫作包
含：（一）形成概念；（二）作計畫；（三）寫作；（四）修改。（Legum
& Krashen，2004）Draper 則提出寫作五個階段模式：（一）寫作前；（二）
構思；（三）起草為文；（四）再構思；（五）修改。（Draper，2004）
稍後的認知學家批評上述的模式過程太過簡化，對寫作各階段的描述偏
重外表的寫作活動而忽略寫作時內在的認知歷程，而且這寫作過程為直
線循序進行，忽略了反覆和穿梭進行的模式。

　　寫作模式，主要有三種：階段模式、問題解決模式、社會互動模式。
（一）階段模式：這種模式把寫作看成是一系列直線進行階段。
　　　　1、國外學者：Rohman 提出寫作為寫作前、寫作、修改等三階段。
　　　　　（Rohman，1965）McLeod 主張寫作為預備、醞釀、下筆為文
　　　　　等階段模式。（McLeod，2007）
　　　　2、國內學者：蔡榮昌把寫作歷程分為：審題、立意、運材布局、
　　　　　修辭等五階段。（蔡榮昌，1979）張壽康把寫作歷程分為：思
　　　　　想感情的醞釀、蒐集材料、思考、表達、修改等五階段。（張
　　　　　壽康，1980）陳弘昌把寫作歷程分為：審題、立意、運思、取
　　　　　材、擬定大綱、各自寫作、審閱等七階段。（陳弘昌，1992）
　　　　　羅秋昭把寫作歷程分為：審題、選擇題材、立意、蒐集材料、
　　　　　整理材料、語言表達、修改文章等七階段。（羅秋昭，2002）
（二）問題解決模式：把寫作看成是問題解決，藉以描述寫作的心裡歷
　　　　程。Flower & Hayes，提出認知導向寫作過程模式，認為寫作過
　　　　程是複雜的且交替反映的而非單一直線的。以下是 Flower &
　　　　Hayes，提出認知導向寫作過程模式：
　　　　1、寫作環境：係指作者除外的所有事物，包括寫作題目，刺激線
　　　　　索、修辭問題、讀者對象以及文章本身。

2、作者的長期記憶：儲存在長期記憶內有關題目、讀者和寫作計畫的知識。包括語文方面的知識字詞、文法、標點符號和寫作文體都屬於作者的長期記憶的部分。

3、寫作過程：即「計劃」、「轉譯」、「回顧」三個過程：

計畫：根據寫作的目的和文章的對象，設定寫作的方向和筆調。

轉譯：下筆之前將字、詞依照句法、文法規則把思維轉成白紙黑字的字。

回顧：檢查寫出的結果是否符合原先的目標，並且修改。

（Flower & Hayes，1980：11）

以下是提出認知導向寫作過程模式圖：

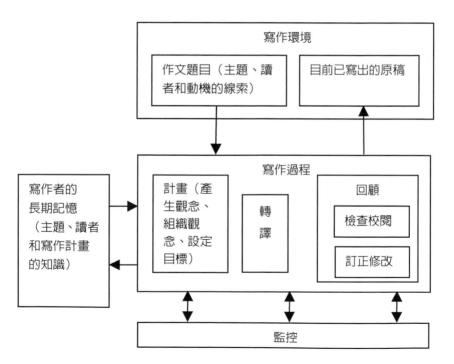

圖 3-3-1　認知導向寫作過程模式（資料來源：Flower & Hayes，1980：11）

（三）社會互動模式：把寫作看成是作者和讀者之間意義的協商，以社會認知的觀點，這種模式強調作者和讀者間的互動和共同假設。Nastrand 提出「寫作社會互動模式」，此種模式重視作者和讀者的情感和後設認知，把焦點放在心理互動，強調作者渴望和讀者達成相互關係。

> 到了九族文化村，第一眼我就看到了大怒神 UFO、馬雅王國雲霄飛車、海盜船……等那時我迫不及待的想都想玩，可是人太多了，只好乖乖的排隊。在玩大怒神時我非常緊張，因為我看電視時覺得非常好玩。當時升起來時我超怕的，突然間又快速的下降，我的心臟感覺向飛似的，停下來之後我的腳都軟掉了，真是好玩又刺激的遊樂器材。（2009.07.22）

上文的作文題目是：〈旅遊記事〉。作者在班上是學業成績較佳的學童。根據前後文，作者想表達到南投遊玩的過程，但整篇文章只提到至遊樂區遊玩的過程。我批改完作文後曾向這位學童追問：「你知道你的文章中有出現哪些錯誤？當你看到老師訂定的作文題目後，你是如何寫作的？」學童回答說：「我知道文章有一些錯誤，但是我找不出錯誤的地方在哪裡。另外，當我看到老師訂定的題目後，句子都是下筆之前就先想好的。寫完之後我也沒有再檢查或是讀讀看。」作文病句通常會在文章構思前與創作過程中產生，根據這位學童的回答與文章內容，作文病句在構思前已經形成了。

> 吃玩了，好飽喔！還有班砲要放呢！我們先玩仙女棒，仙女棒是中秋節小孩一定要玩的啦！大家玩累了，不過大家還是會打起精神的一直完下去，因為爸爸媽媽今天生意太好了，所以有點累，沒有力氣在跑一趟去接我回家，所以爸爸就打電話跟我講說今天妳先睡妳堂妹家我明天下午在去接妳，我們聽了超開心的，於是我們就衝上樓到床上一直跳、一直跳，大家都急著想要趕快睡覺。（2009.08.01）

　　在這上一段的文章中，病句實在很多！我所訂定的題目是：〈中秋賞月記趣〉。根據前後文，作者想表達中秋節那一天，因為父母親沒有時間陪她，不過作者有跟親戚一起烤肉、放鞭炮。第二段的一開頭就以吃玩了作開頭，是延續第一段烤肉的情景，但以「吃完了」作為段落的開頭是不妥當的。我批改完作文後曾向這位學童追問：「妳知道妳的文章中有出現哪些錯誤呢？當妳看到老師訂定的作文題目後，妳是如何寫作的？」學童回答說：「我看不出哪裡有明顯的錯誤。另外，文章中的句子都是下筆之前就先想好的。」這位學童在班上的學業成績不佳，但在寫作過程中卻是一下子就把本文寫完了。內容不少，但只呈現兩件事，一是烤肉，另一則是在堂妹家過夜。作文病句通常會在文章構思前與創作過程中產生，根據這位學童的回答與文章內容，作文病句在構思前已經形成了。

　　知名製作人王偉忠回憶自己童年的生活，表示他從小就是意見多、很麻煩的小孩，總是不按牌理出牌。例如一次的作文要寫海，大家都寫「藍藍的海」，王偉忠卻寫的是「一片紅紅的海」，因為他認為當夕陽餘暉下的海就是閃耀著璀璨光芒的紅海。沒想到老師用紅筆訂正寫著「海是藍色的，不是紅色的」。（王偉忠，2007：46-48）王偉忠這樣喜歡「趣味」的人在寫作上有一個習慣，就是不愛用成語，不顧起承轉合，他覺得想怎麼寫就怎麼寫，猶如游牧民族走到哪睡到哪。現在的學童在文章的書寫上也有這個特性，想寫什麼就寫什麼，看到題目不需要審題、運材，及最後作修正的工作，一氣呵成似乎是最好的寫作方式；這樣一來，在文章中出現佳句可能只是曇花一現，就文章的整體性而言其實還是不好、不完整的。

　　小學生的作文，最先都是用我手寫我心中話，它怎麼說，作文就怎麼寫。（陳弘昌，1991）如果把書寫語言的寫作界定成只是從聲音到文字發送過程的轉換而已，每一個兒童的書寫語言發展的年齡就不是只能在學齡後才開始，當兒童已經能握筆寫出文字的時候，就是他們書寫語言開始發展進入寫作的時刻，通常四到五歲的兒童已經獲得日常言語交際的百分之九十（趙寄石，1991），在發展書寫語言的條件上自是不成問題。但是書寫語言和口頭語言除了在聲音與文字兩種傳送方式上不

同，仍具有其他的差異性。教學者必須掌握口頭語言和書寫語言特質上的差異，才能掌握寫作教學的綱領。根據許多語言心理學家的研究，能診斷小學生書面與口頭語言差別的，主要有下述四個參數：

（一）情境性：口頭語言的情境率會大大高於書面語言的情境率。

（二）詞語的多樣性：書面語言中詞語的豐富程度明顯超過口頭語言。

（三）對客觀事物質量特徵的反映：書面語言強調詳細的描寫較能反映對客觀事物的質量特性。

（四）對客觀事物結構面的反映：書面語言的結構率要比口頭語言高。我們把口述作文當作是書面語言的訓練工具，主要是在提升書面作文的能力，以達到寫作能力的精進，熟悉書面語言的表達與運用規則、藝術。（吳立崗，1992）

　　然而，由這四個因素來看，也就是書面語言必須比口頭語言的要求更完整、詳細，並注意上下文之間的銜接性，這些特性是口述作文直接轉成書面語言時常不能顧及的。但是二者之間雖然存在差異，但仍有相輔相成的作用存在。大陸近年來為了使學生更能掌握書寫語言，便進行一些語文課程的實驗，在教師有目的有計劃的從低年級就進行寫作課程下，從三年級開始書面作文就能接近口述作文水準；四年級書面作文已趕上口述作文的水準；五年級開始書面作文初步超過口述作文水準；到六年級時書面作文水準顯著地高於口述作文。（吳立崗，1992）

　　　　每個人的嗜好都不一樣，有些人嗜好是體育、看書……等而，而我的嗜好是彈琴、看電視。
　　　　我的嗜好是彈鋼琴，媽媽有時候會叫我「古典小妹」，因為我學的樂器都很古典。當我難過時，我會彈我喜歡的歌，我可以一邊唱一邊彈，這樣我就忘掉難過的事情，所以我常常覺得鋼琴一直有魔法。
　　　　我也喜歡看電視，如果我生氣時，我就會打開電視讓自己心情好一點，……就好像回到七、八０年代。
　　　　我覺得：在這個世界上的每一個人都要有嗜好，這樣才不會無聊。
　　　　（2009.10.13）

　　上文的作文題目是：〈我的嗜好〉。第一段作者寫出每個人的嗜好不同，而作者的嗜好有彈琴、看電視；第二段就介紹嗜好是如何形成；結尾則指出有嗜好才不會無聊。我批改完作文後曾向這位學童追問：「妳知道妳的文章中有出現哪些錯誤？當妳看到老師訂定的作文題目後，妳是如何寫作的？」學童回答說：「應該沒有錯誤吧！另外，當我看到老師訂定的題目後，我就邊寫邊想，要如何把這篇作文寫完。寫完之後我也沒有再檢查或是讀讀看。」文章的全文太短，且內容不佳，可能是她在運思的過程中思考斷裂，想到什麼寫什麼，而每一點都是閃過腦海即逝，無法組織當中的關聯性，因而導致病句太多。

　　　　中秋節終於到了，我好高興我們大家到家門口烤肉，爸爸在外面先準備，⋯⋯然後我就開始烤肉了。
　　　　烤的快好的時候我就開始吃了，吃玩了之後我就來烤我最喜歡吃的蝦子，我烤了好多隻蝦子吃玩了我就去烤別的東西⋯⋯看一下電視大家就到外面放煙火了。
　　　　終於要放煙火了，中秋節我最喜歡的就是放煙火了，爸爸幫我們買了好多煙火我好高興，有可以飛上天空的，也有可以在地上的⋯⋯希望下次爸爸再買多一點煙火。
　　　　我覺得中秋節好好玩，希望每天都是中秋節，因為中秋節不但可以烤肉還可以放煙火，所以我才這麼喜歡中秋節。（2009.09.02）

　　上文的作文題目是：〈中秋賞月記趣〉。第一段作者寫中秋節來到，全家一起烤肉；第二段則寫出當時烤肉的情景；第三段則描寫在家門口放煙火的情形；末段則提出：希望每天都是中秋節。我批改完作文後曾向這位學童追問：「你知道你的文章中有出現哪些錯誤？當你看到老師訂定的作文題目後，你是如何寫作的？」學童回答說：「我看不出文章中有哪裡錯誤的地方。另外，在訂定的題目後，我就邊寫邊想，然後就把文章完成了。寫完之後我也沒有再檢查或是讀讀看。」從他的內容可以看出他思考時有兩個可能：一個是文思泉湧來不及寫，但這個可能性較低，因為文章的全文太短，且文章內容不佳，不像是滔滔不絕寫不完的樣子；另一個可能是他思考斷裂，想到什麼寫

什麼，而每一點都是閃過腦海即逝，無法組織當中的關聯性，因而導致病句太多，內容繁雜。

　　許多的書籍都是為了提升學生作文能力而編制，試圖要找到一帖良藥治療這病入膏肓的寫作者。與學生息息相關的教育政策在制訂時，針對注音符號應用能力、聆聽能力、說話能力、識字與寫字能力、閱讀能力、寫作能力作原則性的規定，這幾個大項沒有將學生思考能力獨立出來，可見其重要性被忽略了。學生沒有完整的思考，甚至沒有察覺自己的思考過程中有問題，以致於寫作時病句百出就屢見不鮮了。

第四章　原漢學童作文病句的差異比較

第一節　原漢學童作文病句差異的判斷依據

　　要判別一個句子是不是病句，不能只憑直覺去判定這個句子是正確的還是錯誤的，這樣的判定可能是對的，也可能有誤判的情況發生。因為直覺是有彈性的，虛虛實實，難以把握；而且直覺因人而異，不同的人對同一個句子可能作出不同的判斷，得出不同的結論。而原漢學童作文病句中又有細微的差異，病句的辨識更加困難。由於原漢學童在書寫時都以漢語為用，所以本研究將參考孟建安（2000）《現代漢語語法修辭》一書中有關病句的辨識標準、病句的辨識方法對原漢學童作文病句進行判斷分析。

　　要判斷一個句子是否正確，一般人的第一個反應會是使用自己的語感來作判斷，但語感是富有彈性的，常因各人而異，因此一個句子常會有不同的判斷，所以須訂正統一的標準，讓研究病句者有遵循的依據。（孟建安，2000：89-98）

一、語法標準

　　「現代漢語語法」是判斷句子是否正確的首要標準，一般符合語法的句子為通句，不符合的則為病句。漢語語法是用來規範詞語造句的規則，語法標準可以從以下幾方面來辨識病句：

（一）結構是否完整

　　單句是最簡單的句子，它的內部結構稱為「成分」；現代漢語的基本成分有：主語、謂語、賓語、補語、定語和狀語幾類。一個正確的句

子，必須具備該有的成分，倘若檢查發現該具備的成分未出現，或不符合省略條件卻將句子成分省略了，就構成了「成分殘缺」，該句子可以判定為病句。如：

> 原：＊那裡的最頂樓，那裡超好玩的。（J，P-2-02-04）
> 漢：＊終於放暑假了，雖然終於可以不用上學了，可是，還有一件事那就是要改掉壞習慣。（B，T-1-17-02）

　　從第一個句子中，是誰覺得好玩，明顯地缺乏主語，此句宜加上主語，改成「那裡的最頂樓，我覺得很好玩。」第二個句子也是缺乏主語，可改成「終於放暑假了，雖然我不用上學，可是還有一件重要的工作要完成　，那就是要改掉壞習慣。」

（二）搭配是否得當

　　在語法上、語意上及邏輯上，檢查構成句子的各種成分是否具備組合關係。寫作時，因句子中相關連的成分違反了語法習慣、語法規律或不合情理，使詞語與詞語之間不符合搭配的條件，這個句子就是病句。如：

> 原：＊小朋友全都在溜滑梯玩耍。（E，P-1-03-04）
> 漢：＊我還喜歡上體育課，由於上體育課可以打球，不但有趣，還可以健身運動呢！（C，T-2-25-02）

　　溜滑梯是一個遊樂器材，但作者卻把它當成一個進行的遊戲。此句可修改成「小朋友全都在溜滑梯那裡玩耍」。第二個句子則改成「我喜歡體育課，因為上體育課時可以打球，不但有趣，還可以健身呢！」

（三）語序是否得當

　　句子中，每一個詞語和句子的成分處於什麼位置，哪一個詞語在前，哪一個詞語在後，都須受到限制，倘若違反習慣語序和邏輯順序，句子就可能產生語序紊亂的問題，而造成病句。如：

原：＊我們大部分都在玩飛很高，轉很多圈的遊戲。（K，P-2-08-01）

漢：＊我下次希望去韓國的時候可以有很多的時間起去玩很多的東西，還有去很多的景點看一些比較有用的東西。（D，T-2-01-06）

述語動詞「玩」之後需接雙賓語，如：玩飛盤。此句「請」字後只出現「很高」一個形容詞，缺乏「動賓短語」來作補述賓語，所以不知道玩什麼遊戲。本句可改成「我們大部分都在進行飛得很高，和轉圈的遊戲」。第二句則改成「我希望下次到韓國的時候，可以有很多的時間去玩更多的東西」。

二、邏輯標準

呂叔湘認為一句話不但要有適當的結構，也要在事理上講得過去，才算得通。所以人們所說的話、所寫的語句不僅要遵循語法，也要合乎邏輯。人們說話及寫作時運用邏輯思維可讓所說的話、所寫的語句合乎事理，以符合客觀事理。唯有符合邏輯思維規律，說出的話、寫出的句子才會是通順且正確的。（呂叔湘，2002：169）倘若違反相關的邏輯規律而使語言不通或表意錯誤的句子，我們就稱它為病句。而句子是否合於邏輯，我們可以從以下幾方面來判斷：

（一）概念是否明確

一個概念不管用什麼語言形式表達，都必須做到概念明確，意即明確概念的內涵及外延。寫作時倘若能明確呈現概念的事物本質、屬性，以及與概念所指的對象之間的關連，那麼說出的或寫出的句子就是通順的，反之則可能就是錯誤的。例如：

原：＊而且每當我疲勞的時候我就會唱一首歌，疲勞和憂愁魔術師一樣把東西變不見似的真神奇啊。（I，P-2-06-01）

漢：＊哥哥就像老師教我。（A，T-1-14-05）

　　以上兩句都屬於述語形容詞殘缺的類型，都須加上形容詞當作喻解來加以說明喻體與本體的關係。如第一句可改成「每當我疲勞的時候我就會唱一首歌，疲勞和憂愁就像是魔術師變把戲一樣消失的無影無蹤」。而第二句可改成「哥哥教導我寫作就像是老師一樣。」

（二）判斷是否正確

　　判斷是一種思維方式，對於世上的所有事物，眾人都可進行肯定或否定的判斷。而所有的判斷都可藉由事實來驗證這樣的判斷是正確或錯誤，真實或虛假。只有符合構成判斷的條件，將主項與謂項的聯繫性質準確表達，做出正確的聯項限定，句子才會成立，否則就可能是病句。例：

　　　原：＊教室的小朋友，沒有一個小朋友不會不喜歡下課。（I，
　　　　　P-2-01-05）
　　　漢：＊這顆糖果很好吃，沒有一個小朋友不會不喜歡。（A，
　　　　　T-1-33-03）

　　此句由於連用了三個否定詞，把本來是肯定的意思變成否定了，應改成「這顆糖果很好吃，沒有一個小朋友會不喜歡。」

（三）推理是否合理

　　人在說話寫作時，都要具有邏輯推理，每一種思維都要從正確的前提出發，根據一定的推理規則，才能推論出正確的相應結果。一般推論時前提在前，結論在後，進行推論時要充分注意是否符合推理的要求。只有符合推理的要求，表達推理的句子是正確合理的，反之則是錯誤的。例：

　　　原：＊我們大部分都在玩飛很高，轉很多圈的遊戲。（K，P-2-08-01）
　　　漢：＊我會害怕是不是因為我，所以沒有第一名。（D，T-2-25-01）

　　在第二個句子中，原因和結果之間沒有絕對的邏輯關係，無法從前提「是不是因為我」推論出結果「沒有第一名」，所以此句推理無效。

三、修辭標準

　　說出的話或寫出的句子還要符合修辭的要求。修辭的要求有用詞方面的、有造句方面的，也有表意方面的。每一個修辭格式的句成就有多方面的要求。如果不符合修辭格式的條件構成，這語句就可能是病句。使用漢語修辭時需遵守求變、適中、得體等三個主要規律。（莊文中，1999：171-172）從修辭角度辨識病句，可以由以下幾方面著手：

（一）用詞是否精當

　　用詞是否精當的評定標準在於是否濫用文言詞語、是否生造詞語、詞類是否誤用、是否能掌握詞語色彩、適用對象是否明確等。（孟建安，2000：96）在具體運用中，只有明確掌握不同詞語的用法，才可以運用得當，使句子通順明白；否則，句子就會產生錯誤。例如：

　　　原：＊媽媽有時後會叫我「古典小妹」，因為我學的樂器都很古
　　　　　典。（I，P-2-03-01）
　　　漢：＊到了當天比賽時，我全身都不寒而慄得發起抖來，心情也
　　　　　使終無法放開，儼然我像戰敗的公雞，沒有勇氣，直到結束
　　　　　後，才感覺到被釋放的自由。（D，T-2-08-01）

　　第一個句子太短，無法完整表達句意。所以我們無法從此句中，得知符合作者運用「古典小妹」的意思。而在第二個句子中，實在無法得知作者使用「戰敗的公雞，沒有勇氣」這組句子的意思。

（二）句意是否明白

　　語文是表情達意最主要的工具。所說的話、所寫的文章一定要清楚明白地表達所欲傳達的資訊，讓聽者一聽、讀者一看就能理解。如果語意表達含混不清，模稜兩可，甚至讓人不知所云，這種句子就是病句。例如：

　　原：＊我們大部分都在玩飛很高，轉很多圈的遊戲。（K，P-2-08-01）
　　漢：＊我會害怕是不是因為我，所以沒有第一名。（D，T-2-25-01）

　　在第二個句子中，原因和結果之間沒有絕對的邏輯關係，無法從前提「是不是因為我」推論出結果「沒有第一名」，所以此句推理無效。

四、習慣標準

　　語言是眾人約定俗成的產物，無論是語音、詞彙、句法，都會隨著年代的變遷而發生變化。因此句子的通與不通，或合法不合法，是要根據語言習慣來判斷。（湯廷池，1979a：58-61）語言是不斷發展變化的，有些句子語法雖不合語法，但因邏輯正確，而且很多人使用，久而久之，大家都習以為常，就可歸類於正確的句子。實際的語言運用中常出現這樣的現象，有些不合乎語法的語句，卻符合邏輯、修辭或習慣；有些句子不符合修辭標準，卻合乎語法或邏輯。因句子結構如此多樣化，如果只用一個標準來判斷某語句是通句還是病句，就容易判斷錯誤。例如：

　　原：＊聽到海的聲音我就一直隨著波浪搖擺，我看到有些女生穿
　　　　的非常刺。（K，P-2-03-03）
　　漢：＊過了幾天，總算有了，超開心的。（A，T-1-33-07）

　　從上面的兩個句子中，「辣、超」的用法都與字的原本用法不同，「辣」原本指的是品嚐食物後的口感，現今的用法則轉品成為形容女孩子的穿著打扮；而「超」當作動詞使用具有越過、趕過的意思。當作副詞使用有「特出的」的意思。而第二個句子卻像是口語的用法。雖然有些句子的用法是大家熟悉而且通用的，但教師還是必須讓學生了解口語及書面語的不同。因此，在辨識病句時要小心行事，辨識過程中，一定要運用多個標準，把幾個標準都考慮在內，從語法、修辭、邏輯、習慣幾個方面入手，作全方位的綜合判斷，這樣才可以準確地

辨識出通句和病句。如何辨識句子是否有錯誤？錯誤是哪些？又是屬於何種錯誤？朱德熙與孟建安相繼提出辨識的方法，朱德熙（1999）提出類比法與簡縮法兩種方法。而孟建安（2000）又增加了審讀法、對照法、比較鑑定法與分析短語辨識法。（陳光明，2006：44）以下分別就上述幾項作介紹：

（一）審讀法

　　所謂的「審讀法」是指透過審慎的閱讀來確認病句的方法，主要是藉由閱讀者的「語感」來作判斷，因為人的「語感」具有判別、指出及訂正語言錯誤的能力。（王培光，2005：16）因此，當閱讀者感到句子讀起來彆扭、繞口、句子不通順好像缺少成分，話還沒說完或語序不順時，就表示此句有錯誤。而句子中這些讀起來令人感到彆扭、不順當、含混不清的地方就可能是有語病的地方，找到這錯誤的地方，再根據自己已有的語法知識，再配合邏輯推理加以分析、比較、判斷，或結合其他方法，分辨出正誤以確認這個病句屬於何種什麼錯誤；明辨錯誤癥結的原因；然後對症下藥，加以修改。

　　「審讀法」的重要性在於：它是所有辨識法的基礎，因為不論使用何種辨識法，都需要透過審慎的閱讀句子的前提下才能進行，本研究的病句辨識大多採用「審讀法」。

（二）抓幹尋枝法

　　孟建安（2000：102）所提的抓幹尋枝法作法與朱德熙（1999）的簡縮法相同，就是把結構較為複雜的長句化簡後再進行分析，從而確認句子是不是病句的方法。簡單的句子，我們可以利用審讀法來進行分析，當結構複雜的句子，由於附加成分多，較不容易發現句子中是否有錯誤的地方，因此我們就需要將其壓縮，去除附加成分，找出主幹成分，觀察成分是否有殘缺，相互搭配是否合理，再看看附加成分與中心語是否搭配。這種方法主要是從語法方面著手、排除複雜句子成分的干擾，能準確地發現句子主幹存在的語病。（張傳聖、王開芳：2003：55）

（三）對照法

　　所謂的對照法就是拿具體的句子去套漢語的規則，判斷句子是否合乎現代漢語的語法的一種辨識病句的方法。使用對照法時，首先必須先了解各種詞類的語法功能，再用這些語法功能來審視句子中的成分，看看這些句子成分是不是有違背這些規則。如：

　　　　＊在上四年級的時候，我老是上課不專心。（B，T-1-03-03）

　　依據「在」字句的語法規則，在就有「位於」的概念，該句使用「在」加上「上」這個字會造成詞句不通順，因此可以認定該句為病句。

（四）類比法

　　「類比法」是按照原句的格式仿造若干句子，放在一起比較，看看這個格式是否符合我們說話習慣的方法。進行類比法時需注意仿造的句子要和原句相當：包括：詞類相當、語序不變、保持原句的結構、原句中主要的虛詞要保留下來，不加改動，除此之外還需仿造一組能與之相比較的句子。進行分析時，如果仿造出的句子都能夠成立，那就說明語言中有這樣語言現實存在，這足以證明原句是合格的；相反，如果仿造出來的句子都不能成立。那就說明現實語言中不存在這種事實，因此原句的正確性就不能得到認可，就是所謂的病句。

（五）比較鑑定法

　　比較鑑定法是指把兩個以上意義相同的幾個句子放在一起進行比較、鑑定，從而判定語句正誤的方法。運用比較鑑定法需掌握幾項原則：
（一）所用來比較的句子語義需相近或相同，而結構可相同，也可不
　　　相同。
（二）用來比較的句子間必須要有可比性，如關聯詞的運用、前後句間
　　　的因果關係等，讓辨別者能藉由此相互參照，比較、鑑定出此句
　　　為通句或病句。

（六）分析短語辨識法

　　分析短語辨識法主要是對句子中的複雜的短語，採用二分法逐次分析句子的結構與層次以便看出是否有錯誤。例如：「＊他是個天才的一個同學。（B，T-1-25-02）。此句中「天才的一個同學」可以拿出來作層次分析。由分析可知，這一短語有兩種不同的切分結果。第一個意思是：他是一位天才；第二個意思：他的同學是一個天才。可見「他是個天才的一個同學」是個歧義短語。分析短語辨識法侷限於對單句中某個難以判斷的複雜部分的辨認，無法應用在對整個句子的分析和檢查上，而且使用者如果不熟悉層次分析法的使用方法也無法使用，所以實用性不強。

　　孟建安（2000：122）指出在六種辨識方法中，一般人最常用審讀法及抓幹尋枝法來辨識病句。他認為辨識病句的方法各有優缺點，因此在運用時須配合實際情況作適當的選用，甚至將幾種辨識方法，尤其是審讀法、抓幹尋枝法及對照法結合使用，才能夠準確地辨識出病句。

　　參考孟建安（2000）所提出的辨識方法後，我採用「審讀法」，仔細閱讀學童的文章，從中將閱讀起來不順當，聽起來彆扭的句子挑出來，並加以編號。並配合其他的病句鑑定方法進行分析，因為一個句子中可能會出現「詞語運用不當」、「句子結構紊亂」、「語意表達含混」等等的錯誤，也有可能在一個句子中同時發上以上三種錯誤，如圖 4-1-1。所以在辨識病句時，應同時採用多種辨識方法，以求能發覺究竟是哪一個部分出了錯，並且正確分析並解釋病因。

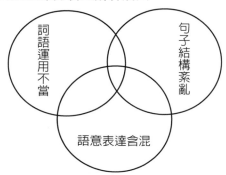

圖 4-1-1　國小原漢學童作文病句差異類型辨識依據圖

　　在本研究所蒐集的原漢學童作文病句中，除了上述的錯誤類型外，也有同一個句子中產生兩種錯誤類型（詞語運用不當、句子結構紊亂）的句子，例如：

> 原：＊而且我在汶水國小的時後汶水國小有櫻花真美。(L，P-1-01-02)
> 漢：＊由於因為放暑假，所以我們每天早上就要回阿嬤家，因為媽媽
> 　　不讓我跟妹妹在家所以就戴我們回阿嬤家。（B，T-1-17-04）

或是（句子結構紊亂、語意表達含混）的句子，如：

> 原：＊我還看著湖泊真是美麗心情覺得很舒暢。（E，P-1-01-04）
> 漢：＊那一天天氣不好，雨一下停，一下有一下沒下。(A，T-1-01-02)

或是（詞語運用不當、語意表達含混）的句子，如：

> 原：＊因為我的學習態度變得跟大哥哥一樣棒，以後對我未來比
> 　　較好發展。（I，P-2-04-02）
> 漢：＊我的第二位同學他叫×××，他的優缺點都剛好。（B，
> 　　T-1-25-04）

或是（詞語運用不當、句子結構紊亂、語意表達含混）三種錯誤類型的句子如：

> 原：＊到最後我們就回去了，我覺得和父母出去玩是一件非常好的
> 　　事。（K，P-2-04-03）
> 漢：＊暑假是人人都喜歡的，但卻沒人想到它的壞處，則只想到它好
> 　　處的人，一定是個不喜歡讀書的人。（A，T-1-25-05）

第二節　原漢學童作文的詞語運用不當的差異

　　姚儀敏《中學生寫好作文的八堂課》提到古人造字和現在認知不同，形聲字的形符無法與現實結合，所以容易記錯字。他說：

現行的通用漢字中，形聲字因為突破純表意的侷限，可以大量的
造字所以約佔所有文字的百分之九十，比例相當大；但因古人的
造字背景隨著時間推移與今人的認知不同，造成了形符無法與現
實結合，所以容易記錯偏旁，導致錯別字時有所見……別字則是
用一個沒有錯誤的字代替另一個字，把甲字寫成乙字；如「收穫」
誤為「收獲」、「導致」誤為「導至」，別字也是錯字的一種。
（姚儀敏，2005：86）

　　林慶昭提到造成學生的錯別字原因，除了學生不用心之外，使用電
腦也是造成的主因。因學生打字的速度比寫字還快，如沒有認真校對，
就會錯字連篇。他說：

常用的「列祖列宗」寫成「劣祖劣宗」；「兢兢」業業寫錯成「競
競」業業；「積極」寫錯成「激急」；「絕」大多數寫錯成「決」
大多數字；「淘」汰寫錯成「洮」汰；「踩」油門寫錯成「採」
油門……造成學生的錯別字的錯誤率之高，除了學生不用功外，
電腦也是幫兇之一。（林慶昭，2005：206）

　　「詞」在語言與思維中具有舉足輕重的角色，兒童在日常生活中
必須不斷的使用詞彙以表達其概念與意義，因此小學國語課程中，
「詞」的教學比重佔有極為重要的地位。文章是用一句句話寫成的，
每句話又是由詞組成的，組詞成句，綴句成篇，文字水準高低和掌握
詞彙的數量有直接關係。文字表達的能力與字詞彙的豐富、變化性有
緊密關係；字詞彙豐富的寫作者在書寫表達時，較能夠以精確的字眼
來作陳述。綜上所述，寫作時詞彙的運用能力，與作文內容的好壞有
著密不可分的關係。
　　本研究收集的原漢學童作文病句中，詞語運用不當的句子在全部原
漢學童作文病句中各佔了 45.4%（114／251）及 42.2%（206／488）的
比例，佔的比例相當高。但在原漢學童詞語運用不當的句子中，所犯的
錯誤類型有的相似，例如：

一、錯別字多

1. ＊有一天一隻蛇繞在我旁邊，我真害怕，當時那隻蛇繞在我旁邊時，心理覺得很緊張。（G，P-1-01-01）

2. ＊公園的一角，有一個像鏡子水池，裡頭還有紅白相間的理魚，讓我彷彿自己就是其中一隻理魚。（E，P-1-02-03）

3. ＊我們應該要保護生能，水的生能不能被破壞。（F，P-1-02-05）

4. ＊走過這座公園裡，讓我把不於快的事拋到九肖雲外呢。（E，P-1-03-03）

5. ＊有一座美麗的公園裡，有著一顆巨大的榕樹。（G，P-1-03-01）

6. ＊媽媽就叫我收心，不要在玩了。（A，T-1-01-03）

7. ＊我們中於到了，我非常的 Happy。（A，T-1-01-07-03）

8. ＊到了哪裡，我們先去玩雲消飛車。（A，T-1-08-01）

9. ＊樹上落下一枝葉子。（A，T-1-10-02）

10. ＊你知道為什麼要叫小人國嗎？因為這裡把全世界著名的地方便小放在這裡。（A，T-1-12-01）

在語文教學活動中，我們常會發現有些學生思路雖然流暢，但是文字表達能力欠佳，受到「火星文」文化的衝擊，學生的作文簿裡錯別字混淆使用，使得原本立意極佳的作品黯然失色；或歪曲了原意，教師批改作文常常要猜測其義，真的是苦不堪言。國字有其獨特的特徵：（一）形、音、義密切配合：中文字是表意文字，由形音義三者組成，同時能表達文字的語音、語義。中文字往往能使學習者「望文生義」、「見字知音」，主要原因是佔百分之八十以上的形（通常是部首）聲（通常是偏旁）字，反映了字的概括性意義，如「江」字部首是「水」部，表示和水有關；而偏旁「工」則提供了讀音的線索，所以形、音、義的密切配合為中文字一大特色。（二）字形結構方正：中文字向來具有整體性，不論各種聲符、形符、部件、筆畫如何組合，字形都力求方正，所以被稱為「方塊字」。（三）一定的構字規則和寫字筆順原則：中文字大都由幾十個不同的筆畫、部首偏旁和基本字組合而成，學習者倘若能掌握基本的零件和構字原則，理解

記憶一個個單位有機體之間的聯繫和關係，並能在中文字的組字規則上舉一反三，就毋須一筆一畫硬背死記，自然能達到良好的進展。

國字雖然具有上述的優勢，然因其數量龐大，每個字的形體必須刻意求其變化的可能，以與其他字作區別，因此也產生相對性的困擾，使得國小學童在書寫國字時，發生一些問題：

（一）文字衍變，造成字形混淆

從殷墟的甲骨文衍變至小篆，再隸變為隸書，又孳生楷書；字形的原貌已經改變，與其所代表的語素意義大多失去原有的聯繫而成為空泛的記號。吳英成指出：「隨著漢字的發展，各期都出現一字多形的異體字現象，包括正體、俗體、古體、今體、繁體、簡體等。」這對學習者構成多重的記憶負擔，容易造成字形混淆。（吳英成，1991：29-34）

（二）同音字多，造成別字誤用

李白芬在《國小學童認知風格及其錯字錯誤類型之關係研究》一文指出：「由於國字是單音節的緣故，沒有拼音文字的形式變化，因此語音的應用範圍容易受到限制，所以同音字特別多。」如查字典「ㄅㄟ」一個音，就有「盃背杯悲卑揹俾碑唄椑裨鵯」等字，學習時容易產生別字誤用的情形。（李白芬，1995）

（三）結構複雜，造成錯字頻繁

中國文字係由獨體的文和合體的字所組成，形體萬殊，體態互異，其中合體字又有上下、左右、內外、旁包等不同的結合方式，這種結構的複雜性，雖然獨具視覺美感的藝術性，但在書寫時，卻極易形成錯字。

（四）筆畫相像，造成辨認困難

筆畫相像的字一般分為形聲相似字（如瞻、贍）、形體相似字（如祟、崇）、形義相似字（如履、屨）三種。還有依部分筆畫些微差別而

音義迥異的字，如：土士、未末、胃胄、抄杪、余佘等。學習者往往纏繞不清，造成辨認困難。

（五）字數眾多，造成書寫困難

隨著文字的長期衍變，國字數量迭有增加，各界對當代國字的統計，數量不一。賴慶雄依據康熙大字典所載統計，計有四萬二千一百七十四字（賴慶雄，1989）；黃沛榮在《中國文字的未來》研究中提及文建會「國字整理小組」收集到七萬多字。（黃沛榮，1991：21-30）國字字數之多，由此可見一斑，因而使學生在學習上產生甚重之負荷。

二、用詞不適當

1. ＊今天真是在這藍天白雲的好天氣，我又躺在綠油油的草地。（E，P-1-01-02）
2. ＊今天早上我早餐。（L，P-1-01-07）
3. ＊公園裡微風徐徐拂過我的臉龐，就像媽媽溫柔的手拂摸過我的臉龐，這麼的舒服。（E，P-1-03-02）
4. ＊他們用熱情的舞龍舞獅歡迎我們。（F，P-1-03-05）
5. ＊一進到裡面就感覺原住民的熱情。（J，P-2-03-02）
6. ＊聽完媽媽的解釋，我也開始認同。（B，T-1-12-04）
7. ＊我們每個人都有優缺點，而我的缺點有很多，但從某些人身上學到某些事，我的缺點部份漸漸改進。（B，T-1-20-01）
8. ＊我在學校有時候會從圖書館借書回家看，我感覺成績有比之前好很多。（B，T-1-22-04）
9. ＊他是個天才的一個同學。（B，T-1-25-02）
10. ＊我就學非常著名的××國小，裡面的最大特色在於新鮮綠地。（C，T-2-07-01）

在原漢學童作文病句中，詞語運用不當的句子中，有的句子錯誤類型差異極大。早期語言學的看法，認為書寫（writing）（作文寫作）只

是以比較有條理、有修辭裝飾的方式來記載口述言語，書寫是口述的外衣，是凝結了的口述言語；在這個前提之下，寫作只是一種技能（skill），是可以用公式化的步驟來教導的，因此作文就和發音課一樣，只要用機械式的練習便可達成目標。可是二十世紀七〇年代以後，新興文學理論，對書寫（寫作／作文）有全新的啟示，書寫不再是次要的、衍生的，而是有其獨特個別性的論述。並且強調無論是哪一種論述都不能完全被另一種論述所取代、翻譯或總結，每一回書寫都是重新思考（reconcept-ualize）或重新敘述（re-narrate）的過程。（何春蕤，1990：73）以下的例句都是平地學童在作文病句詞語運用不當類型中，所產生的病句，而這些病句在原住民學童作文病句中，是不曾出現的：

（一）口語句子

1. ＊在上四年級的時候，我老是上課不專心。（B，T-1-03-03）
2. ＊每當老師派作文當回家功課時我都會覺得很煩。（B，T-1-04-01）
3. ＊在老師發作文時他都會將寫得比較好的念出來給大家聽。（B，T-1-04-03）
4. ＊現在我已經不怕作文了，所以現在我也不會把作文放在最後了。（B，T-1-04-05）
5. ＊我一定要向在上課很專注的同學學習，才不會在上課時，老師叫我回答時，腦海裡一片空白。（B，T-1-05-02）
6. ＊我從媽媽身上學校，蛋要怎麼煎，因為媽媽不在的時候我就可以自己煎來吃。（B，T-1-06-01）
7. ＊然後我們就照飲料店老闆說得走。（A，T-1-01-07-02）
8. ＊今年暑假我出國去一個叫韓國的國家。（A，T-1-10-01）
9. ＊我的阿姨是一位老師，她長得很高，是從高雄搬回來臺南。（B，T-1-11-01）
10. ＊像是我平常十分被動，媽媽叫我去打掃房間。（B，T-1-14-02）

11. ＊我一邊看電視一邊整理，難怪才會整理的這麼的慢。（B，T-1-14-03）

12. ＊我每次在和別人說話的時候，我都不尊重他人。（B，T-1-15-04）

13. ＊我不但學到了許多籃球的技巧，也交到了許多本來不認識的人。（A，T-1-18-02）

14. ＊隔天一大早爸爸就把我們叫去吃早餐，吃完早餐我們就開開心心的回家了。（A，T-1-19-02）

　　雙語（多語）教學，就語言學習的效果而言，因為各種不同的語言所呈現的方式、表達的形式或有差異，而造成不同語言間的學習干擾，使干擾減少，是教育工作者應該關心的；將泉湧而出的想法轉化成文字，或是將口語材料轉換為書面語的過程，口述（說話）與書寫（作文）可以說是一體的兩面，都是用來表達思想、傳遞感情。不過，說話要聽眾聽得懂，而作文則要讀者讀得有趣，因此在遣詞用字、造句、結構上可能有「口頭語」與「書面語」的差別。（湯廷池，1981：43）

（二）錯別字：時候與時後的錯誤

1. ＊在走路的時後天氣熱大家都想去買飲料喝。（A，T-1-11-04）

2. ＊不過雖然這個老師對我們兇可是這也是為我們好，不過有時後當我們在其他的課被老師分數打得很高時老師會請我看電視喝飲料。（B，T-1-13-02）

3. ＊下課後我通長會跟同學玩鬼抓人的遊戲，但是玩到一半的時後就上課了。（C，T-2-11-03）

4. ＊還記得去年五年級的時後，我們全校五年一起去四草。（C，T-2-19-02）

5. ＊我小時後，常去第一牙醫看牙齒。（D，T-2-31-01）

　　另外，原住民學童作文病句中，詞語運用不當類型的句子也有一些平地學童作文病句中不曾出現的。如：口語句子：

1. ＊首先到了原住民文化園區。我們坐了一部小車子到許多地方玩。（F，P-1-03-03）

2. ＊這次的旅城，雖然很短暫，但是我們還是玩得很開心呢。真是謝謝老師給我們這樣子的活動。（F，P-1-03-07）

3. ＊一天早上，雷雨不停的下，大樹心想這回小草完了吧。（G，P-1-04-02）

4. ＊從那時有的小朋友就沒有在來這個公園。（G，P-1-07-03）

5. ＊不管我們講話再怎麼大聲，老師就是不會被吵起來。（K，P-2-01-04）

6. ＊如果我生氣時，就會打開電視讓心情好一點。（I，P-2-03-02）

三、濫用成語

1. ＊有天我在親水公園玩一天的天氣晴空萬里真是一個很好的天氣。（E，P-1-01-01）

2. ＊等到菜都上桌，大家一番狼吞虎嚥般的橫掃，只見盤底已空。（F，P-1-04-04）

3. ＊週末的時候，天氣晴空萬里、秋高氣爽，我跟一群同學去公園，散步聊天，心情覺得很開郎。（E，P-1-07-01）

4. ＊在學校的生活可說是多采多姿，不過有時也被課業壓的喘呼呼，可說是憂喜參半。（C，T-2-35-03）

5. ＊舅舅常常帶我們到處遊山玩水。（D，T-2-24-01）

6. ＊但是不管我再全力以赴挑菜蟲，仍然被咬得體無完膚。（D，T-2-20-04）

7. ＊每次暑假就是喜歡出去玩多多在外面增廣見聞，讓腦子活動一下。（A，T-1-33-01）

在網路上、學生的週記中，經常可以看到一些國民中小學童、甚至高中生所寫的爆笑文章，有人亂用成語，把「音容宛在」用來表達對人的思念；有人則是發揮想像力，無厘頭的寫法，令老師啼

笑皆非。國語日報語文中心主任李碧霞說：「我曾經看過一個小朋友寫過一篇文章，就是寫說那天動物園因為有一個活動，人很多，遊客很多，照理我們應該是說人山人海，但是他們卻用人滿為患」。（TVBS報導，2004）在網路上這幾篇文章更是一絕，如有一篇國中生的週記，寫的是炒米粉與麵包，這位學生很困擾，到底要先吃麵包還是米粉，結果他想起米粉乃是本土食物，而麵包是洋鬼子傳來的，所以我決定先吃米粉，此時我的愛國心爆發出來，這就叫做「見微知著」。（同上）

第三節　原漢學童作文的句子結構紊亂的差異

杜淑貞認為國小三、四年級才開始作文教學，學生作文表現的缺失有：

> 作文內容空洞，思路狹窄，文句不通，層次不清，結構不嚴，段落不明，措辭失當，遣詞用字亦多錯誤。（杜淑貞，1986：37）

國小中、低年級學生識字不多，書讀不夠，尤其剛學作文難免有各種毛病出現，文章倘若能通順而且勇敢發表已是值得鼓勵了。倘若是升上高年級之後，文章中仍有那麼多缺失，就得針對問題加以探究，並且思考如何改進。學生們對作文常是退避三舍，明明對自己的文章不滿意，卻又不知從何改善起；即使絞盡腦力了，卻仍是詞不達意。陳宜貞認為學生會怕寫作文，是不知如何寫才恰當，他說：

> 即使是已經絞盡腦力了，卻常是落入詞不達意或不知所云的窘境……即使已經蒐集到寫作材科，有無具備運用文字的技巧，是否懂得選擇何種文章形式為表達方式，有無完整的文章結構等等，都是影響作文表現的重要因素，也是學生學習作文深感困難之處。（陳宜貞，2003：19）

本研究收集的原漢學童作文病句中，句子結構紊亂的句子在全部原漢學童作文病句中各佔了 10.4%（26／251）及 15.8%（77／

488）的比例。在原住民學童作文結構紊亂的句子中，有的病句錯誤類型與平地學童作文結構紊亂的句子差異極大，如：句型簡短且語序紊亂：

1. ＊到了科公館，讓我們學到許多科學原理。（F，P-1-02-03）
2. ＊我們體驗各種活動，感覺好像自己變成電影某一個角色。（F，P-1-06-03）
3. ＊我又看到了，水池裡的水就像是一面鏡子，看小魚很漂亮。（E，P-1-07-03）
4. ＊可以讓我陶醉在音樂美妙的世界裡。（I，P-2-01-04）
5. ＊那裡讓我印像最深刻的事，是那些大哥哥、大姊姊的歌舞表演。（J，P-2-01-01）
6. ＊我和雅婷一起玩終於在最後時刻換到我和雅婷共同享有的小禮物。（J，P-2-07-03）
7. ＊回到飯店的我洗好澡，結果倒頭就睡了。（K，P-2-11-03）

　　一篇好文章的條件，除了符合題意、中心思想明白，以及寫作材科豐富之外，決定文章好壞的關鍵就在於妥善組合這些材科，而組合材科的方法，就是屬於文章的結構範圍。在原住民學童的文章中常常會發現：句型都是短短的一句，一段文章中的句子也只有幾句話。學童知道如何寫作，擁有了寫作的材料，但是往往不知道如何將這些材料組合起來，創作出一篇或一段優美的文章。朱光潛在《談文學·作文與運思》說到：

> 作文運思有如抽絲，在一團亂絲中撿取一個絲頭，要把它從錯亂糾紛中抽出，有時一抽即出，有時需遶灣穿孔解結，沒有耐心就會使紊亂的更加紊亂。（朱光潛，1982：58）

　　創作時，句子簡短，產生錯誤的機會少；一旦句子冗長，產生的錯誤就多了。本研究中，所見平地學童作文結構紊亂的句子，有的病句錯誤類型與原住民學童作文結構紊亂的句子差異極大，如：

一、句型冗長且雜糅

1. ＊這一個暑假我和家人去高雄，哥哥卻要上課所以哥哥沒辦法去，所以只有我和媽媽、姊姊、哥哥他們一起去玩。（A，T-1-07-01）

2. ＊我先到教室裡吃早餐，吃完很多同學都以經到了，後來大家都到了就一起到1樓看影片。（A，T-1-11-02）

3. ＊到了今年二零零九年，我已經改善這壞習慣，因為我聽了媽媽說，如果再繼續保持這個壞習慣，功課不僅會愈來愈退步，將來做什麼事也做不好。（B，T-1-16-03）

4. ＊由於姑姑家是開旅店和茶吧，早上我們得很早就起來，幫忙烤土司，端給房客吃。（A，T-1-21-02）

5. ＊暑假第一個禮拜我寫了一些功課玩了一下電腦不知不覺就到了晚上。（A，T-1-26-02）

6. ＊喜歡到奶奶家吃東西，吃她煮的菜，還有她人，奶奶她真的人很好。（A，T-1-33-02）

7. ＊在安親班，老師常常會安排戶外教學，這是最我喜歡的時候，因為戶外教學不但可以戶外踏青，又可以見議到利不同的事物。（A，T-1-35-01）

8. ＊吃完飯完，去機場搭飛機回家，我覺得這次的體驗好好玩，我以後我就可以自己出國玩了。（D，T-2-10-03）

　　頭腦裏的思想很多很雜，如果沒有寫出來無法知道想什麼，寫出來才會發現那是很亂的。把亂的思緒經過整理，才能成為有條理的文章。寫作技能的程序性知識，可分為三個主要歷程：計畫、轉譯和檢視。當老師指導學童寫作後，學童便可開始計畫寫作，並把心中準備好的材料一一呈現。但是在組合這些材料時，往往只了解它的方便性，卻未顧及寫作材料之間的妥善性！在學童的文章中，只見到文字篇幅長，但內容空洞，甚至錯誤百出的情形。

二、句型冗長且語序紊亂

1. ＊我要改過來的第一個缺點就是看別人有什麼就要有什麼的壞習慣。（B，T-1-01-02）

2. ＊老師對我說，看到朋友或是誰有困難的時候，就應該去幫忙發揮愛心去幫助那些需要幫助的人。（B，T-1-03-02）

3. ＊我以前其實沒有很多朋友，因為我沒有自信去交朋友，所以以前的朋友很少。（B，T-1-03-04）

4. ＊我是第二次搭飛機，有點緊張，然後起飛時，我覺得飛機上的服務好棒呀！。（A，T-1-10-03）

5. ＊阿姨都會教我或是我不知道的東西我問阿姨阿姨都會教我。（B，T-1-11-03）

6. ＊經過十幾天的訓練我終於早上起來會記得折棉被了。（B，T-1-17-03）

7. ＊至於知識不足，原因就在於，很少看課外讀物，基本常識也不學好。（B，T-1-22-03）

8. ＊我學到要愛惜動物，以及有能就養，沒能力就算，不能像我一樣，一個不注意就死光光，所以大家要愛惜動物。（D，T-2-07-05）

9. ＊我還覺得天會掉下來似的，非常有趣有上過自然課的人都要快去公園裡，拿起望遠鏡看星星。（C，T-2-19-04）

選擇適當的材料，配合主旨，固然是寫作的重點工作，但倘若沒有適當的安排，也會影響到文章的優劣。因此，在構思選材之後，如何將所選定的材料，組合成一篇組織結構完整、有系統的作品，便是文章創作極為重要的一件工作。而朱光潛也以擺陣勢來說明文章結構的重要性：

> 排定崗位就是擺陣勢，在文章上叫做「布局」。在調兵布陣時，步騎炮工輜須有聯絡照顧，將校尉士卒須按部就班，全戰線的中堅與側翼，前鋒與後備，尤須有條不紊。雖是精銳，如果擺布不

周密，紀律不嚴明，那也就成為烏合之眾，打不來勝仗。文章的布局也就是一種陣勢，每一段就是一個隊伍，擺在最得力的地位才可以發生最大的效果。（朱光潛，1982：62）

不懂這個道理，自然就會發生語序紊亂的現象。

第四節　原漢學童作文的語意表達含混的差異

　　隨著電腦網路的盛行，青年學子無不上網與外面的世界溝通，追尋新知、與網友對話增進友誼。有些人為了打字更快捷省時，就透過新興事物、專業術語、各種廣告詞，作為創造網路用語的題材，表達有趣及創新的語詞。有用注音符號代替字，如「我的家」寫為「我ㄉ家」，「來不及了」寫為「來ㄅ及ㄌ」；符號代表表情，如「（^－^）微笑」「＞﹏＜不﹏」「⊙。⊙目瞪口呆」；為了打字方便，把字音連在一起用，如「真達＝真的呀」「就醬子＝就這樣子」「就釀子＝就那樣子」；以漢字中與數字相像的音所組成的詞，像「0」代表「你」，「5」代表「我」，較長的句子如：「1314920一生一世就愛你」「0594184你我就是一輩子」；較常見的外來語諧音詞，有「秀逗＝腦筋有些問題」，「血拚＝上街購物」；閩南語諧音詞有「莊孝為＝裝瘋子」「白目＝不識相」等等。李皇穎收集的有：

> 「3P」→「pig 豬、poor 差勁、proud 傲慢」；「很 s」→「很拐彎抹角」s 表示彎曲不直接；「單腳拉屎」→「Dangerous」→「危險」；「LKK」→「這人很土」；「SPP」→「這人很俗氣」；「很 High」→「很高興」；「補血」→「Bullshit」→「胡扯」；「FBI」→「很悲哀」；「Taxi」→「太可惜」等等。（李皇穎，2006：8）

張玲霞《國語文別瞎搞》也收集很多現代年輕人的語言。如：

> 網路中興起一些新的溝通和互動的語言，例如：

（一）暱稱的出現，這在以前的書信中，被認為是失禮的做法。

（二）縮寫、簡寫的出現，例如用「u」來代表「you」等。

（三）擬聲語氣詞的出現，擬聲詞多是情緒的抒發，例如把「cool」寫成「cooolll」來表示強調語氣；用「hahaha」來表示笑聲。

（四）代表動作、表情和姿勢的符號：例如，用『@』‘_, ...‘..來表示送對方一朵玫瑰花；用「p（^o^）q」表示在為對方加油、打氣；用「@-@」代表戴眼鏡的符號等。（張玲霞，2006：10）

　　本研究收集的原漢學童作文病句中，語意表達含混的句子在全部原漢學童作文病句中各佔了 15.1%（38／251）及 21.3%（104／488）的比例。在平地原住民學童作文語意表達含混的句子中，有的病句錯誤類型與原住民學童作文語意表達含混的句子差異極大，如：

一、句義費解

1. ＊本來的大熱天，裡面一進去卻很涼爽。（A，T-1-05-04）
2. ＊每個我都玩過，而且都很好球。（A，T-1-05-06）
3. ＊臺南市停水五天，所以很難洗澡。（A，T-1-06-04）
4. ＊因為我不太會表達自己所想要表達、形容的話語，也許是怕被譏笑。（B，T-1-10-02）
5. ＊或是做錯事的時候都會被阿姨罵但是阿姨還是會帶我們出去玩。（B，T-1-11-04）
6. ＊我點點頭媽媽接著說一句對不起有禮貌又可以省掉紛爭何樂不無呢？（B，T-1-12-03）
7. ＊哥哥就像老師教我。（A，T-1-14-05）
8. ＊每個人多多少少都有些可貴的優點？，但是人非聖賢，誰能無過。（B，T-1-24-01）

　　話說得不明不白，要人家猜測，就叫做「費解」。（呂叔湘、朱德熙，2002：66）形成費解的原因有二種：（一）因作者能力不足或

由於疏忽，造成句子中的詞語選用不恰當或結構不正確。（二）因作者故作高深，弄得讀者對作者所欲表達的意思摸不著頭緒。

二、概念運用不當

1. ＊以後我一定要改進，不要偷機取巧，偷工減料了。（B，T-1-05-01）

2. ＊只要是壞掉的東西，爸爸拿工具就修起來呢。（B，T-1-06-02）

3. ＊於是我們到了頂樓於是我就有了怕怕的感覺。（A，T-1-07-05）

4. ＊數學成積的不好，會讓我數學考試常常沒有一百，連九十分都有很大的問題，這個必須加強。（B，T-1-07-03）

5. ＊整天泡在書堆裡猛看書，直到最後我才發現很久沒看到太陽了。（A，T-1-21-04）

6. ＊每個人都有一、兩個優缺點，缺點改過來變成優點，是最好不過了。（B，T-1-22-01）

7. ＊不能像以前一樣，大量用水，這樣的生活，幾乎像整個人死掉的感覺。（A，T-1-33-05）

8. ＊它裡面也有很多好玩的地方，設備很多，善良的老師和學生也很多，但也有幾個比較壞的學生。（C，T-2-03-01）

　　語言表達最起碼要做到表達清楚明確，不使人費解，不產生歧義。語言表達令人費解的原因大致有以下兩種：一種是故作高深，寫作者為了炫弄其才能，故意用一些高深的詞語，使得讀者不知道他想表達的是什麼。另一種是無心晦澀，寫作者由於限於能力，或因為疏忽，選擇的詞語不恰當，或脫漏了重要的詞語，導致語義隱晦不明。國小學童表達能力不足，掌握的語彙太少，遣詞構句不當等種種原因，其作文語句中常有語義不明確，讓人猜測、令人費解的語病。有時文章中一大段話思緒跳躍，寫作者完全沒有考慮讀者能不能理解，

只知道想到哪裡就寫到哪裡，不僅邏輯思維混亂，連詞句、標點也沒有妥善地組織運用，導致內容令人費解，不知所云。

　　在原漢學童作文病句中，除了詞語運用不當以外，句子結構紊亂與語意表達含混兩項病句類型，平地學童作文病句產生的比例都高於原住民學童。但句子中呈現「詞語運用不當與句子結構紊亂」、「詞語運用不當與語意表達含混」、「詞語運用不當、句子結構紊亂與語意表達含混」的比例，卻是相反。綜合以上所述，原漢學童作文病句確實存在差異，本研究將試著從母語、熟悉度、運用的頻率、教學現場的氛圍進行探討，找出成因，並提供補救途徑。

第五章　原漢學童作文病句差異的成因探討

第一節　母語的影響

　　「『母語』是通稱，而不是專指，所有從母親肚裡生下來的小孩，跟母親首先學習到的語言，就是母語……」（鐘吉雄，1994：15），所以按字面上來看，母語指的應該就是母親用來跟小孩子講的話，這也意味著這個語言是深埋在孩子身上的。就實際應用的情況來講，母語一詞在日常的生活溝通中，指的是個人的初始語言（original language），在少數語言的族群裡，又常被指為是傳統語言（heritage language）、或者是本土語言（native language）。但「母親」這個詞就有問題了，因為並不是所有的小孩都是在他們的生母撫育下長大，有些是由父親、祖父母、或其他親戚所養育，有些小孩是由領養成長的，那麼他們的母語所指為何？就字典的定義來看，母語（mothertongue）一詞的解釋有二：一是第一語言（first language）：指個人在孩童時期在家學得的語言；二是原始語言（original language）：指一語言為其他語言的根源。以第一個解釋來看，個人一出生在家最先學會的語言就算母語的話，那麼在臺灣大部分人的母語恐怕都是「北京語」，這和我們原先的認知又大不相同。對於有些人來說，母語可能是「父親的語言、個人認同的語言、最先學會的語言、幼年在家使用的語言，或是個人感覺最流利的語言」。聯合國教科文組織（UNESCO）則將母語定義為：

> 一個人在年幼時學會的語言而且成為他思想溝通時最自然的工具者……母語不一定是父母親所使用的語言，也不一定是小孩最先學會說的語言，因為在許多情形下，可能使一個人在年小時放棄這些語言，而改學另一語言。（轉引自錢清泓，1996：7）

　　後來的學者們對母語提出了較為寬鬆的看法。綜結他們的說法：「母語」已經不是一種被強加的語言，不一定是爸爸媽媽教的，也不一定是要在家裡學的，而變成可以是個人認同的、自己覺得流利的語言。但果真如此的話，那麼現在的學童又何必被強加學習自己族群的語言？本族的語言對他們來說，恐怕已經不是認同而且流利的語言。

　　臺灣語言的變化，自光復以來，人們從日語教育轉移到國語教育，由原來在家裡說母語，在學校說日語的情況下，轉型到在家中說母語，在校中說國語的情況。這時無論是家庭、學校與社會，一般交談已經從母語、國語夾雜的型態進入純國語的境界。不過，最近幾年語言變化十分戲劇性，不但大量的吸收外來語，創造新語詞，而且更重視本土語言，提倡「鄉土語言教學。」語言因受社會經濟蓬勃發展，民主與人權意識不斷擴張，閩南語干擾標準國語的詞彙、語法等情況，時有所聞。以下為專家學者對國語受閩南語影響之相關研究：

一、張清鐘（1976）《學生常用的閩南語式國語之分析》

　　文中指出，臺灣自光復以來，政府積極的推行國語，雖有很大的成就，但本省同胞十之八九來自福建，他們日常在家大多還是使用閩南語交談，所以當他們使用國語時常有閩南語式的國語出現。經過調查統計，常聽到的閩南語式國語，可分為兩大類：句法的不同（語法）及用語的不同。其中用語的不同，又可分為以下三種：

（一）詞語倒置者

　　閩南語的詞語有不少和國語的說法剛好倒置，如將客人說成人客、颱風說成風颱、公雞說成雞公、命運說成運命……等。

（二）詞語完全不同者

　　閩南語的詞語與國語說法不同的也不少，如將打氣說成灌風、打針說成注射、職業說頭路……等。

（三）詞語相似者

閩南語的詞語有些和國語的說法相似，但不盡相同。如將電扇說成電風、熱水說成燒水、打架說成相打、吸煙說成吃煙……等。

二、羅肇錦（1991）《鬧熱滾滾——大眾傳播語的分合》

文中指出臺灣是一個語言複雜的小島，社會開放、交通頻繁，語言的分歧變異，大眾傳播語居於領導地位。它的分合情況，影響了整個社會的語言走向。也就是說，大眾傳播語所規範的語言與國語之間，已經有了很大的變異。特別在詞彙上變異更大。以下分幾個方面來看：

（一）口頭語和書面語

口頭語帶有比較多閩南方言成分，書面語由於修飾過了，所以帶有不少文言語詞，例如「無妨」和「不如」、「當中」和「裡」、「購物」和「買東西」、「打烊」和「關門」等，都是書面語和口頭語完全不同的使用情形。

（二）流行詞彙

流行詞雖然有其時間的極限，但是在大眾傳播語中，是走在最尖端的，也是變化得最快的。這一類流行詞有的是外來語，例如便當、地下鐵、巴士、大哥大等；有的是廣告語，例如帥、讚、正點等；方言的流行語，融入最多的是閩南語，例如牽手、頭殼壞去、鴨霸等。

（三）稱呼

臺灣社會由農業步入工商業，由大家庭變成小家庭，稱呼的改變非常的大。例如，祖父和外祖父都叫「阿公」，祖母和外祖母都叫「阿媽」、「阿婆」。而父親、岳父或公公都叫「爸爸」，母親、岳母或婆婆都叫「媽媽」……等。

（四）外來語

　　由於臺灣與美日往來較密切，外來語中也以美日語為最多，有音譯的（如馬殺雞）、有意譯的（如電腦）、有半音半譯的（如沙發椅），不一而足。

（五）方言

　　政府解嚴以後，本土語言如脫韁野馬，四處奔跑，只幾年的時間，大眾傳播語中充斥著閩南語，例如：鬥陣、雞婆、代誌、打拚、查甫、水噹噹、擔仔麵等。

三、葉德明（1995）《社會變遷下的臺北國語與對外華語教學應運之道》

　　文中指出，臺灣四十五年來詞彙的擴張與發展非常快速，有以下幾個因素：

（一）方言雜陳的遺跡

　　光復以後，從大陸各地遷到臺灣的人，各省都有，大家說著各自帶有方言特色的國語，或多或少保持原有的語言習慣，因此詞彙、俗語、成語充實了臺灣國語的內容，經過幾十年的淘汰與合併，去蕪存菁，許多經得起時代過濾的詞彙流傳至今。例如：凱子、半調子、拖油瓶、炒股票……等。

（二）強勢鄉土的影響

　　人們久居一地，難免深受本地鄉土語言的影響，增添了國語的詞彙。例如：我載你去火車站（我送你去火車站）、牽手、度小月、莫宰羊、心事無人知……等。

（三）外來語豐富

近年來臺灣工商業發達，科技文明進步神速，對外貿易頻繁，新的觀念與事物不斷的更新出現，再加上大眾傳播快速宣傳，新詞彙眾相騰說流行很快。

1. 直接用原文：例如：PUB、KTV、卡拉 OK、DIY、PU 人工跑道……等。
2. 音譯：例如：酷、披薩、愛滋病、登革熱、馬殺雞……等。
3. 意譯：例如：捷運、但書、新鮮人、連鎖店、高速公路、電腦病毒、智慧財產權……等。

（四）商業及經濟術語

因為臺灣對貿易及股票一度狂熱炒作的結果，產生了很多新詞。

例如：水貨、套牢、號子、灌水、漲停板、經濟危機……等。

（五）因應社會變遷自創新詞

1. 派：週末派、歡樂派。
2. 族：夜貓族、紅唇族、銀髮族、單身貴族……等。
3. 皮：嬉皮、雅皮。
4. 熱：大陸熱、股票熱、購屋熱、飆車族。
5. 度：可信度、打知名度。
6. 化：綠化、矮化、自由化、現代化、企業化、高齡化社會……等。
7. 性：革命性、草根性、強迫性、彈性上班……等。
8. 車：公車、越野車、協力車、雙層公車……等。

（六）娛樂及運動

例如：休閒、環保、帥哥、小鋼珠、開天窗、親子活動、三振出局……等。

（七）政治術語

例如：老賊、反彈、民主抗爭、政治掛帥、脫序現象……等。

（八）校園流行語

例如：正點、很菜、蹺課、立可白、國四班、新鮮人……等。

（九）其他

例如：女強人、見光死、跌破眼鏡、搞什麼飛機、沒有白吃的午餐……等。

四、姚榮松（1986）《閩南話「有」的特殊用法──國語與閩南語比較研究之一》

在閩南方言中，「有」字和國語有許多共同處，也有許多特殊的用法，反映了這個動詞的特殊性，這些特性也常被描寫為閩南方言的語法特色，甚至於某些「有」的特殊用法反過來影響國語的說法。以下就為「有」在閩南方言的特殊用法：

（一）助動詞

國語肯定句式中，「有」不作助動詞，作助動詞僅限於含「沒（有）」的句子，如：「我沒（有）看見他」，這個句子的肯定式不是「有」而是完成詞尾「了」，就是「我看見了他」或「我看見他了」；而閩語肯定作「我有看著（tio）伊」，否定句作「我無看著伊」。

（二）閩語「有」的助動詞用法

倘若是與其他助動詞連用時，表示強詞的意味，但是通常可以省略。例如：伊有可能會出來選（他可能會參加競選）。

（三）「有在」表示進行時態

　　和國語進行式時態助詞「著」相當的閩南語助詞是「在」（ti；te），如：伊有在讀冊（他在讀書）。

五、朱我芯（1993）《「給」字在現代國語中受閩南語的影響》

　　文中指出，幾十年來，國語在臺灣，難免受到本地方言——閩南語的影響，而在語音、語彙、語法上，發展出國語臺灣化的「臺灣國語」用法。「給」在現代國語中受閩南語的影響，也出現許多特殊用法。以下就分別來說明：

（一）因「Ka……V.」而形成的「給……V.」臺灣國語句

1. 老師，他給我打。（「Lausu, i ka goa phah.」）老師，他打我。
2. 我才不給他管呢！（「Goa chiak m ka i koan le.」）我才不管他呢！

　　這一類「臺灣國語」使用得非常普遍，由它們的閩南語句，可知這完全是受閩南語直接對譯的結果。

（二）因「Ho……V.」而形成的「給……V.」臺灣國語句

1. 是他先不給我過的。（「Si i sen m ho goa koe.」）是他先不讓我過的。
2. 對不起，給你等那麼久。（「Sitle, ho li tan hiak ku.」）對不起，讓你等那麼久。

（三）當閩南語動詞無相對等的國語動詞時

1. 他問我，我就給他講。（「I mng goa, goa tio ka i kong.」）他問我，我就告訴他。
2. 給他撞下去。（「Ka i long lue khi.」）朝它撞去。

　　漢語的「給」與閩南語「ka」及「ho」有許多相同用法，因而建立了它們之間的對應關係，使在臺灣受國語教育且接觸閩南語的人，都自然地肯定此關係。而一個慣以閩南語思考、言談的人常會就句型表面翻譯，將閩南語直譯成國語，於是「ka」、「ho」全當「給」來用，便容易形成不合國語語法的臺灣國語句。另外，趙元任（1994）及羅肇錦（1990）指出，「在」的國語用法是屬於「介詞」，放在名詞、代詞或詞組的前面，與這些詞結合，來表示時間、處所或方向，不能單獨使用，也不能充當謂語或重疊；而閩南語的「在」（ti；te）是進行式時態助詞（姚榮松，1986），可以修飾動詞、形容詞和副詞的用法不同。例如：「伊有在讀冊」。是指他讀書的動作是持續進行的，國語的說法是「他正在讀書」。二者雖然相似，仍然具有些許的差異性。本研究蒐集的平地學童作文病句中，就有許多的句子很明顯受到母語的影響而寫成的，如：

1. ＊去安親班的第一天就要寫 8 頁功課，不過星期三都在玩。（A，T-1-01-01）
2. ＊我要改過來的第一個缺點就是看別人有什麼就要有什麼的壞習慣。（B，T-1-01-02）
3. ＊其實我從一二年級開始就有很多的缺點，所以對我有很大的影響。 （B，T-1-03-01）
4. ＊在老師發作文時他都會將寫得比較好的念出來給大家聽。（B，T-1-04-03）
5. ＊之後，我就跑去問老師要如何才能了解數學。（B，T-1-08-02）

6.　＊然後第二天我們去化妝品店，去買和人參有關產品。（A，T-1-10-04）

7.　＊在以後我一定要把這些小缺點通通改過來，以後不要在一邊看電視一邊打掃房間。（B，T-1-14-05）

8.　＊最後，我在跟我們一同登山的攝影家伯伯身上學到了惜福。（B，T-1-20-02）

　　臺灣原住民在語言文化上屬於南島語族，與漢語系民族在文化習俗上有許多差異，其整體人口僅佔臺灣地區人口 1.9％。（內政部戶政，2001）但是它的歷史文化與臺灣的淵源，為現今最為古遠而緊密，因此在延續臺灣歷史文化及建立多元文化社會的角度上，維護與發展原住民族群語言文化，在教育體制內進行系統的族語教學，的確為新世紀臺灣地區語文教學應積極辦理的事項。（教育部，2000：92）教育部依「原住民族教育法」第 19 條規定：「政府對學前教育及國民教育階段之原住民學生，應提供學習其族語、歷史及文化之機會」，因此在國民中小學課程規劃原住民語文教學，重建原住民語言環境與機制，是為多元文化教育理念的具體實現。（教育部，2000：92）90學年度開始全力推展鄉土語言，就是為了配合九年一貫新課程中，一個禮拜至少一節「鄉土語言」課程的實施。這項新措施將從國小一年級開始，逐年實施至六年級，國中方面則是採用自由選修的方式，讓學生依自己的意願進行學習。此項語言政策可謂是重大的改變，這使得以前不被重視、只能在家裡講的「母語」登上學校「正式」課程的大堂，成為正規教育的一部分，母語的地位也和官方語言平起平坐，這對語言流失嚴重的原住民族而言是一項令人振奮的消息。母語開始被重視，原住民學童在課堂中開始學習屬於自己族群的語言，但是還有其他語言科目要學習：漢語、英語。原住民學童該如何應付這麼多元化的語言學習？舉個例子來說：我的太太本身為山地原住民（布農族），她在小學一年級的時候，每到了國語課就是她最緊張的時候，原因是：（她完全不會說國語——沒有讀過幼稚園）深怕老師要她站起來讀課文！雖然經過了語文教育長久以來的洗禮，但在漢語的發音

上仍有不標準的地方。她常常會把（ㄐㄧ和ㄐㄩ）的音發錯，因為在布農族族語中，有一些注音符號是不曾出現的，如：ㄑ、ㄓ、ㄗ、ㄔ、ㄕ、ㄩ的音。本研究蒐集的原住民學童作文病句中，就有許多的句子很明顯受到母語的影響而寫成的，如：

1. ＊而且我在汶水國小的時後汶水國小有櫻花真美。（L，P-1-01-02）
2. ＊小草覺得開心、高興，因為他自己覺得一直被服務，感覺到被媽媽服務一樣。（G，P-1-01-03）
3. ＊太陽一露臉，我們就起床，經過一夜的休息，讓我們的精神飽滿。（F，P-1-02-02）
4. ＊在這裡我都過的很開心，因為出太陽時，我能享受美的日光浴。（G，P-1-02-01）
5. ＊小朋友全都在溜滑梯玩耍。（E，P-1-03-04）
6. ＊我看到了好多海生生物，例如：海星、水母……等好多好多。（F，P-1-03-06）
7. ＊隔天太陽一露出笑臉，大家急著起來，趕快把美味的漢堡吃下肚。接下來就前往科工館，看到好多婆婆媽媽們在作操，真悠閒。（F，P-1-06-02）
8. ＊爸爸的力量很大。（G，P-1-07-06）

第二節　熟悉度的關係

澳籍作家馬洛夫（David Malouf）：一想到我的語言，正漸漸從世人的口中消失，便覺得不寒而慄，其涼意比我自己死去還要徹骨，因為，這等於是我的民族，集體死去。（David Malouf，1985）

人類學家 John Beattie（1964）曾說：人們的思想範疇與他們的語言形式是密不可分的，所以如欲了解一個文化，而不將語言納入考量是

不可能的。有關文化的所有定義大概都同意語言是文化重要的一部分，一個取得大家共識的定義，認為文化是一個包含一套符號系統複雜的實體，包括：知識、模範、價值、信念、語言、藝術及風格，以及個體在社會上所學到的習慣和技能。這個定義最早是由 Tylor,E.B.（1873）所提出來的，後來很多學者也根據 Tylor E.B.的看法把文化定義進一步的精緻化，例如 Linton,R.（1945）主張文化是習得行為及象徵意義的結構，進一步來說，社會的中成員傳承並且彼此分擔這些文化的要素；Segall,M.H.，Berry, J.W.，Dasen,P.R.& Poortinga,Y.H.（1990）也暗示文化包含在環境中所有「人為」的部份，包括法律所明訂的目標及社會制度、規範及價值等等。語言與文化之間關係密切，語言建構文化世界，並且是族群凝聚的象徵，一個民族透過語言，保存該民族的文化；語言本身也代表一種文化，不同的語言有不同的視野與思考方式，而文化的精髓，透過語言的醞釀與流轉，展現了文化的特質。因此，文化是人類特有的現象，作為文化核心和基本構成因素的語言，就蘊含著四個基本的文化功能。（轉引自李秀蘭，2000：99-100）

（一）語言體現了它所代表的那種文化，並對使用它的那個民族或那些民族的文化有所束縛。

（二）傳統藉由語言得到傳承、變革和發展。

（三）語言滲透到文化的各個領域，是使各文化領域統一於一個文化總體的基礎和根據。

（四）語言使不同文化能相互理解和接近，語言的這些基本文化功能，也可說是它的基本功能。

　　在社會化過程中，心理機制與語言發展相關的主題包含認同、內化，就是自我認定、社會的、文化的、種族上認同的發展，以建立個人的社會認同。在社會化的同時，兒童在社會的價值系統及自我語言表達模式的內化過程中，建構其語言化的社會表徵。社會化是一個複雜的過程，兒童經由自己建構的社會形貌，成為群體中的一員，所以語言在社會脈絡之下具有成員共同分享的意義，在文化認同發展上扮演重要的角色。（Hamers,J.F. & Blanc,M.H.，1989；2000：111）文化和語言無法分割，美國人類學家 Clark Wisler 認為文化是一種生活模

式,既是一種模式,也就是生活的成果,應該是累積的而不是遺傳的。語言建構文化世界,凝聚族群的主要工具。社會心理學家 Skutnabb-Kangas 在談到母語定義的時候,就暗示了語言在個人文化認同上佔了重要的一部份,他把母語定義為:一個人經歷社會化的過程,並且在所屬群體之中得到規範或價值的系統,所以語言扮演的是傳遞文化的角色,並且藉此來認同群體,同時視其他的團體為參照團體,經由這個社會化過程,語言本身就成為代表此群體的一套符號系統。(Skutnabb-Kangas,T.,1984)

美國是世界的大熔爐,在美國有來自世界各地的民族,語言種類相當的多,但是人們日常較常使用的語言不是自己的母語,而是英語。在臺灣,相同的情形也時常發生。舉個例子來說:先前在臺南市實習時,課堂上常會被學生叫做老「ㄙㄨ」而不是「老師」。老師與學生的對話內容,運用閩南語的機會也比較多,雖然我要求學生在課堂上要說國語,但總是很難實行。為什麼?因為班上大部分的學童在家都是使用閩南語;父母親也大多使用閩南語,更不用說從小被爺爺奶奶照顧的學童。下課時,學生們總是七嘴八舌的談天說地,所使用的語言也是閩南語;等到了上課,當我要求學童要用國語表達自己的想法時,學童往往結結巴巴的擠不出一句話。學生運用國語來表達的情形,如同一句閩南語的形容詞:「不輪轉」。上述的情形,我在現今服務的學校也常碰到。原住民小朋友常常要求我一起去打「ㄑㄩㄡˊ」而不是去打「ㄑㄧㄡˊ;」把貢「ㄨㄢˊ」湯讀成貢「ㄨㄤˊ」湯。

不論是原住民學童還是平地學童,漢語倘若不是學童們的第一語言,在學習及運用的過程會比其他學童來得辛苦而且容易出錯,因為,這不是學童日常熟悉的語言。本研究蒐集的原漢學童作文病句中,有許多就是因為「熟悉度」的緣故而造成的作文病句,如:

1.　＊而且我在汶水國小的時後汶水國小有櫻花真美。(L,P-1-01-02)
2.　＊出發前的那幾天,我一直祈禱,希望不要下雨。那天到了。(F,P-1-03-01)

3. ＊他們以熱烈的、大方的表演展現了阿美族的特色，真是臺上十分鐘，臺下十年功。（F，P-1-04-03）

4. ＊國立科學工藝博物館介紹：我們現代的一些東西。（F，P-1-05-02）

5. ＊那裡也有表演的地方，超精采低啦。（J，P-2-08-02）

6. ＊再來，我的第二個第一次，第一次騎腳踏車的時候，因為我還不會騎，所以一直跌倒。（D，T-2-03-03）

7. ＊看了這些美麗的風景，讓人的心情都不自覺的放鬆了下來。（C，T-2-04-01）

8. ＊在我去上游泳課的第一次時，我什麼式都游不好，還好有教練細心交我，不然就沒有今天的我了。（D，T-2-05-02）

9. ＊我在臺東抓了十一隻的甲蟲，其中有一隻雄壯威武角很大，那一隻甲蟲是我最喜歡的一隻。（D，T-2-07-03）

10. ＊深怕一個閃失，就會把內容整個亂掉。（D，T-2-18-03）

第三節　運用的頻率

　　著名的語言學教授 Hoffman,E.在她的自傳中也有一段談到母語和族群認同之間的牽涉：當她還是一個十三歲小女孩的時候，收到了一本日記本，這是一份送給少女典型的生日禮物，但是這本日記本卻造成了她該用什麼語言來寫的困擾：

> 如果我真的需要為自己寫些東西，那麼我該使用那一種語言？有幾次，我把日記本打開，然後又把它闔起來，我竟然還是不能決定！在這個時候，如果我用波蘭語寫的話，好像是有一點為了保存拉丁或古希臘文的味道，日記本看起來就怪怪的啊，用這種語言，我會被迫放棄目前生活的直接經驗，以及一些潛意識的想法。波蘭語已經成為一個死的語言，一個不能夠翻譯的語言。那如果用英語寫的話呢，這看起來卻像是要交給學校的作業，或者看起

來只是一個自我窺淫、怠慢又倔強的行為。有些事情我還是必須
作選擇，最後我選擇用英文來寫，因為我寫的是現在的事情，當
然要用現在的語言來寫，即便它並不是我自身的語言，最後的結
果，那本日記本當然成為和我沒有多大關係的經驗之一。（引自
Dicker，1996：5）

　　語言的選擇及使用在於習慣與便利性，但是選擇一種自己習慣的語
言卻不一定會被他人接受。記得在大學時期，六位男生住在同一間宿舍
裡，有一位同學是阿美族人，住在成功鎮。有一天這位同學坐在電腦前
打報告，時間過了很久，看他也沒有什麼進展，順口就問他：「你打字
怎麼那麼慢？」他便回頭向我求救！他說：「同『ㄒㄧㄝˊ』這一個字
怎麼拼音？」我一聽，當場就哈哈大笑，我告訴他：「是同『ㄒㄩㄝˊ』，
不是同『ㄒㄧㄝˊ』！」他才恍然大悟的說：「我搞錯了。」現在回想
起這位同學真的是印象深刻，因為他不只會把同「ㄒㄩㄝˊ」讀成同「ㄒ
ㄧㄝˊ」，還會把鬧「烘烘」讀成鬧「ㄈㄨㄥ ㄈㄨㄥ」。

　　實習結束分發至臺東縣霧鹿國小，還沒有到這所學校報到前就知道
這所學校是間偏遠的原住民小學。剛開始上課還真不習慣，因為小朋友
都會用他們習慣且特殊的話語跟我交談。例如：學生問我：「老師你那
裡有沒有『ㄅㄨ ㄗ ㄅㄨ ㄗ』的音樂？」我被問的一頭霧水？於是反問
他們：「什麼是『ㄅㄨ ㄗ ㄅㄨ ㄗ』的音樂？」小朋友就說：「就像是
張惠妹的歌曲啊！」那是我才知道，原來舞曲對於原住民小朋友而言成
了「ㄅㄨ ㄗ ㄅㄨ ㄗ」。在課堂上小朋友常常使用他們的族語交談、提
問；還記得原住民小朋友罵人的話是：a su（狗）、babu（豬）、tai mag
（笨）等等。雖然我要求原住民小朋友上課要講國語，但小朋友使用的
語言還是自己的族語而不是國語。

　　原住民學童說話的語句帶著口音，也就是我們平常說的原住民腔
調。當句子長時，在中間的部分音會往上飄，而有些詞語的發音比較
特別，像「那麼大」會說成「ㄋㄚˊ麼大」、「不是」的「是」音調
會提高，並有時會在結束的地方加一個「ㄅㄨˇ」。剛開始覺得滿有
趣，為了和他們拉近距離，所以我有時說話也會故意學他們的發音，

學生聽到也覺得很新鮮，怎麼老師說話和我們一樣「ㄅㄨˇ」。學生說話的方式如此，可以想像注音對他們來說就有了一層障礙，該不該捲舌、四聲調等，對他們來講都不容易分辨。其實這也不能怪他們，因為他們的語調是從父母親學來的，兩種語言間本來就容易相互影響，像我才到這裡幾年的時間，講話也都變成了他們的腔調，又如何要求學生改正？任教一陣子後，發現學生的語文程度真的不行，除了上述的發音方式外，連造句也都相當凌亂，更別說是寫作。後來在家長座談會中了解：原住民小朋友受制於本身母語語法的影響，所以才會如此。因為布農語是將動詞放在前面，主詞放在後面。所以有時會聽到學生這麼說：「被打啊！我昨天。」此外，像是否定詞、疑問詞、形容詞在句首等語法，這都影響到平常說話的方式，像是：「多少？你的錢？」、「太大了，那個葉子。」、「沒有寫，他的作業」……等。剛開始聽覺得很有地方特色，但在教室裡這卻是相當大的問題。有時說話就會出現片段的語句，造出通順的句子更是困難。本研究蒐集的原漢學童作文病句中，有許多就是因為「運用的頻率」的緣故而造成的作文病句，如：

1. ＊如果那些受難的人知道學會防火的方法，就可以跑出去（O，P-2-12-02）

2. ＊星期六，我們學校舉辦運動會，我們都很緊張，因為我們跑步前。我們不停地呼吸和熱身，這樣子我們就會跑出很好的成績。（M，P-2-12-01）

3. ＊第一關爸爸因為坐前面，剛好第一關是往前面沖下去。（K，P-2-11-02）

4. ＊他們的歡迎歌唱得很有風情味。（J，P-2-10-04）

5. ＊他們可以跳很多不同族人的舞，衣服也穿的很好。（J，P-2-08-03）

6. ＊冬天會有寒冷的風吹來吹去，所以冬天人都很少在買冰吃（D，T-2-34-06）

7. ＊當老師在選人時突然老師叫我去試試看。（D，T-2-34-02）

8. ＊而且老師教學生的態度很好，一定負責到底。(C，T-2-32-05)
9. ＊到了明天，我都沒有溺水喔。（D，T-2-30-03）
10. ＊我最喜歡打躲避球，常玩到汗流浹背，揮汗如雨。（C，T-2-20-02）

第四節　教學現場的氛圍

「教育是良心事業」，從大學時代的教授就一直告誡著我們。我想國內教師的養成制度，就是以「人性本善」為出發點，但其中卻有一些盲點，而良心事業本身有許多的模糊地帶，不同老師，有著不同的思考邏輯，對認真、肯付出、好的行為、有效的教學……等都有著不同的觀念。如果老師一直覺得他很盡力的在為學生付出，但旁觀的人卻直言他是位很不盡責的老師，那有沒有可能是彼此的認知上有問題？還是旁人對他的偏頗論斷？所以如何來拉近這個認知？如果學校裡認真的老師被外面的家長誤會了，最起碼學校的行政主管會為他辯護，但假設真的有教學不力的老師在學校？我想沒有人喜歡當壞人，有誰肯對著教學不力的老師提出「建言」？以往「良心事業」，是對老師的一種稱讚。總可以聽到老師對學生無私的付出，但現在平面媒體愈來愈發達，媒體不斷報導不適任的教師的行為，許多家長因此也開始質疑老師的能力，以致於讓「良心事業」出現了反諷的意味。但老師真的有這麼差嗎？其實，這只是讓某些以往總是在檯面下的事情浮現出來罷了，仍有許多是很棒的老師！老師到底要付出多少？是不是一定要每天都把學生留下來？是不是學生沒有錢吃早餐，就幫他買早餐？分校有一位老師很愛學生，他都會請學生吃東西、甚至連文具都會買給他們，但是他的教學卻不太行。從物質方面來看，他給了這些孩子很多愉快的經驗，但從教學層面來看，他卻無法給予孩子有效的學習。那我們到底要說他是好老師，還是不適任的老師？這些模糊地帶，充斥著教學場域。

《教育基本法》第十五條明訂：「教育專業自主權及學生學習權遭受學校或主管機關不當或違法之侵害時，政府應依法令提供當事人或其

法定代理人有效及公平救濟之管道。」（教育部，1999）政府單位明定，
讓教師專業有法制的依據，但教師是否具備了足夠的專業能力？雖然這
很難認定，而且以國內目前的體制，很難去評斷老師是否具有專業能力。
但許多老師在教學上是具有熱誠，這可以彌補專業能力的不足。

　　進行語文課程時，教師在課堂教給學生的只是基本的語言規則。
先上課文中的生字、注音，然後再請學生利用學會的字彙造詞、造句。
但學生面對的卻是豐富多變的語文環境，幾乎每一條語言規則都會有
例外的情況。況且臺灣既是國語與閩南語雙語並行的社會，閩南語又
是多數人的母語，則先入為主的閩南語，對學童的語文學習產生重大
的影響。學童在學習時會自動地尋求母語方言的相同句型，對於困難
的、不了解的詞語，學童自動轉化由熟悉的口語表達句型替代了。另
外，教學現場的老師常常會要求學童回家查生字、新詞，並查詢相關
的成語。學童未能掌握成語的意義或對所學的新詞意義沒有徹底了
解，往往會亂用成語。學童平日閱讀量不夠，加上對老師解釋的新詞
成語一知半解，以及由於平日口語表達較少這方面的練習，又缺乏實
際的語用環境，所以他們對於難於了解的句型或新詞就易用口語表達
的語詞代替使用。例如：

1. ＊這一刻，也是讓我不在害怕，怕好玩的遊樂器材了。（K，
   P-2-11-04）
2. ＊我會認為在我的生活中好像少了很多東西，會感覺失去
   了。（I，P-2-11-02）
3. ＊還沒到高雄我們、老師在一起唱歌、大叫還玩的好開心喔。
   （J，P-2-10-01）
4. ＊這一次的演講比賽，我有願望得獎。（I，P-2-09-06）
5. ＊運動可以減肥，能促進心陳代謝，更能維待身體的健康。
   （I，P-2-09-02）
6. ＊至於知識不足，原因就在於，很少看課外讀物，基本常
   識也不學好。（B，T-1-22-03）

7. ＊逛了一陣子，我發現裡面的東西真貴的可以。（A，T-1-23-01）

8. ＊每個人多多少少都有些可貴的優點？，但是人非聖賢，誰能無過。（B，T-1-24-01）

9. ＊這位同學，她看到當場哭了，讓我很佩服。（B，T-1-26-03）

10. ＊另外還有我很被動的壞習慣，從來不會自動自發，所以老是被凶猛老虎的媽媽罵。（B，T-1-31-01）

第六章　原漢學童作文病句的補救途徑

第一節　拉近母語的距離與強化熟悉度

中國是一個以漢族為主體的多民族、多語言的統一國家，在長期各民族的交往中形成了複雜的雙語現象。（滕星，1992）雖然國民政府播遷來臺以後，為了國家民族的統一同化，實行了好長一段時間的官方單語政策，不過在民間這種各民族互相交往所形成的雙語現象並未消失，甚至有交流、補充及豐富各語言詞彙的情形。1993 年 9 月 20 日，教育部公布國民小學課程標準，並展開課程修訂工程。其中新增鄉土教學活動，必要時得使用方言教學等政策，1996 學年度已開始實施，此項課程標準已成為未來我國小學教育的最高教學方針。而自 2001 學年度開始，母語教學蔚為臺灣教育的最大特色。語言的獨特性，展現其本身具有的重要價值，一文化中的個人如何看待並詮釋世界，將反映在語言之中。語言反映了文化差異，語言的保存，也是文化維護的最基本工作。因此，在多語社會中，母語使用權成為不可剝奪的權利之一。而母語教育權的保障，則是在 1953 年，聯合國教育科學文化組織就已綜合教育學家、心理學家、語言學家的看法，指出學校應該以學童的母語作為教學的語言。（引自白中琤，1995：247-258）此理論是主張在學校對弱勢族群人口施以母語教育，使他們能（通常是）在小學階段兒童以已經精通的母語吸收知識，認知世界。在政治倫理上，其目的在於將政治、經濟資源由各語族平均分享，使弱勢民族日後能較公平的參與政治的過程。（黃宣範，1993）

在上一章的研究中，可以清楚的了解母語對於原漢學童寫作的影響，要如何協助原漢學童拉近母語與漢語的距離？首先必須要讓學童了解母語與漢語的差別。本研究收集的原住民學童作文病句的族群是布農族的學童。根據田哲益（1995）研究，布農語音與注音符號的語音有明顯的不同，如下表：

表 6-1-1　布農語音分析表（資料來源：田哲益，1995）

聲符方面	有ㄅ、ㄇ、ㄉ、ㄋ、ㄌ、ㄍ、ㄏ、ㄐ、ㄑ、ㄒ、ㄗ、ㄙ、万等十三音素。
韻符方面	有一、ㄨ、ㄚ、ㄛ、ㄜ、ㄝ、ㄞ、ㄠ、ㄡ、ㄢ、ㄣ、ㄤ、ㄥ、ㄦ等十五個音素。

　　由於部分布農族學童講話時會有布農國語的情形，將布農語音和注音符號的語音對照，就會了解學生為什麼會發不出某些音。

表 6-1-2　布農語音與國語注音符號對照表（改編自田哲益，1995）

<table>
<tr><td colspan="2"></td><td>國語注音符號</td><td>布農族語音</td><td>兩者差異</td></tr>
<tr><td colspan="2">就數量分析</td><td>40</td><td>28</td><td>從缺 13 個音素</td></tr>
<tr><td colspan="2">就聲符而言</td><td>24</td><td>13</td><td>從缺ㄅ、ㄆ、ㄇ、ㄈ、ㄊ、ㄎ、ㄑ、兀、ㄓ、ㄔ、ㄖ、ㄘ等 11 個。</td></tr>
<tr><td colspan="2">就韻符而言</td><td>16</td><td>15</td><td>缺ㄩ</td></tr>
<tr><td rowspan="7">就發音部位而言</td><td>雙唇音</td><td>ㄅ、ㄆ、ㄇ、</td><td>無ㄆ音</td><td></td></tr>
<tr><td>唇齒音</td><td>ㄈ、万</td><td>無ㄈ音</td><td></td></tr>
<tr><td>舌尖音</td><td>ㄉ、ㄊ、ㄋ、ㄌ</td><td>無ㄊ音</td><td></td></tr>
<tr><td>舌根音</td><td>ㄍ、ㄎ、兀、ㄏ</td><td>無ㄎ、兀音</td><td></td></tr>
<tr><td>舌面音</td><td>ㄐ、ㄑ、ㄏ、ㄒ</td><td>無ㄑ音</td><td></td></tr>
<tr><td>舌間後音</td><td>ㄓ、ㄔ、ㄕ、ㄖ</td><td>均無</td><td></td></tr>
<tr><td>舌尖前音</td><td>ㄗ、ㄘ、ㄙ</td><td>無ㄘ音</td><td></td></tr>
<tr><td rowspan="3">就發音方法而言</td><td>塞爆聲</td><td>ㄅ、ㄆ、ㄉ、ㄊ、ㄍ、ㄎ</td><td>無ㄆ、ㄊ、ㄎ音</td><td></td></tr>
<tr><td>塞擦聲</td><td>ㄐ、ㄑ、ㄓ、ㄔ、ㄗ、ㄘ</td><td>無ㄑ、ㄓ、ㄔ、ㄗ音</td><td></td></tr>
<tr><td>鼻聲</td><td>ㄇ、ㄋ、兀、ㄏ</td><td>無兀音</td><td></td></tr>
</table>

	擦聲	ㄈ、万、ㄏ、ㄒ、ㄕ、ㄖ、ㄙ	無ㄈ、ㄕ、ㄖ音	
	邊聲	ㄌ	有	
就送氣不送氣而言		ㄆ、ㄊ、ㄎ、ㄑ、ㄔ、ㄘ	均無	

　　從表 6-1-2 中，可以很清楚的了解布農族族人的語音音素，因為缺乏許多音素，尤其是缺乏送氣音方面及舌尖後音方面，在學習漢語時，則會有發生語音替代的現象，整理如下：

表 6-1-3　布農族學童學習國語的語音替代表（改編自田哲益，1995）

	分類	代替語音	舉例
聲符的替代	雙唇音	ㄆ音用ㄅ音代替	很怕＝很「霸」
	唇齒音	無ㄈ音，用万音代替	「飛」機，念成「万ㄟ」
	舌尖音	ㄊ用ㄉ代替	「他」念「搭」
	舌根音	ㄎ用ㄍ代替	雕「刻」念雕「哥」
	舌尖後音	ㄓ用ㄗ代替	「知」道念成「資」到
		ㄔ用ㄘ代替	很「吵」念成「草」
		ㄕ用ㄙ代替	老「師」念成「私」
		ㄖ用布農原有的音素 q 代替	
	舌尖前音	無ㄘ音	然在發音上猶可發出正確的音質，但ㄔ音就有困難
	舌面音	ㄑ用ㄐ代替	老師名叫「李尚奇」，學生念成：「李尚吉」
韻符的替代		ㄩ用一代替	下「雨」念成下「以」

　　現行九年一貫教育政策中，強調多元教育與在地生活課程；除了母語課程（閩南語、客語、原住民語）的實施外，還鼓勵學校將社區文化加入

學校課程之中。我現在服務的學校是一所偏遠的山地小學，校內的學童幾乎都是原住民學童，日常使用的語言為布農語。為了推展母語教育，一至六年級，每週安排一堂的母語課和一個小時傳統歌謠練習。除此之外，學校更訂定每一週的星期二為學校母語日！雖然有那麼多的推展活動，但學童的母語能力似乎沒有提升多少，更不用說到整體語文能力的提升。為什麼？因為社區家長要孩子在家中會講國語及母語，家長對孩子使用的語言是母語及國語。但是國語並非標準的國語，跟學校老師教的國語不一樣。事實上由於部分家長對於中文的詞彙並不是很熟悉，所以在國語的溝通上仍會受到布農語文法結構的影響。布農語的文法與國語不相同，像問「你是誰？」布農語的說法是「ci-ma（誰）a-su（你）誰是你？」雖然學生在社區中與父母以及親人都是以國語為主，但是布農社區的國語不是標準中文文法。語言當作思考工具的假設，小孩們也自行創造了他們的語言，像常常在上課的時候，學生會指著被推倒的豆漿跟我說：「老師……『目賭度』」，學童常把母語加在國語裡面。為了讓原住民學童分辨母語、漢語的差異，在進行語文課程時，我就把原本的課文作了修改，當我唸完課文，學童個個驚呼連連！原文如下：

【成語動物園】康軒三上第十三課

甲：（唱）兩隻老虎，兩隻老虎，跑得快，跑得快，

乙：你多大了，還唱這種歌？

甲：我剛從動物園回來，高興嘛！

乙：動物園誰沒去過，這有什麼好高興的！

甲：這次校外教學，不但逛動物園，還學成語呢！

乙：成語！動物！這有關係嗎？

甲：有，這可多著呢！天上飛的，地上跑的，水裡游的，好多動物和成語有關。

乙：好，那我問你十二生肖裡的動物好了。

甲：行，你說吧！

乙：兔子。

甲：守株待兔。

乙：羊。

甲：羔羊跪乳。

乙：牛。

甲：牛頭不對馬嘴。

乙：還有六個字的啊？

甲：成語也有六個字的呀！

乙：虎。

甲：談虎色變。

乙：龍。

甲：龍……動物園裡沒有龍呀！

乙：不行了吧！

甲：有了，生龍活虎。

乙：怎麼又出來虎啦？

甲：剛剛出來的是公老虎，現在這隻是母老虎。

乙：好，你行。再問你！蛇。

甲：打草驚蛇。

乙：狗呢？

甲：雞飛狗跳。

乙：雞一起出來了，那還有老鼠啦，豬啦……

甲：這容易，膽小如鼠，豬……豬……豬頭豬腦。

乙：這算什麼成語！

甲：那你會嗎？

乙：我不但會，還可以只用一種動物的成語說故事。

甲：用一種動物？你吹牛！

乙：告訴你，我不吹牛，我吹的是「馬」。你聽著：從前，從
　　前，白馬王子為了救公主，便騎了一匹「識途老馬」出發。
　　他「一馬當先」，打敗魔王，終於馬到成功，救了公主！
　　從此……

甲：從此，王子和公主過著幸福快樂的日子。

乙：錯，從此，他們過著「馬馬虎虎」的日子。

甲：好了，我們也馬馬虎虎」的下臺吧！

修改後的版本則是：

【成語動物園】　康軒三上第十三課

甲：（唱）兩隻（uknav）老虎，兩隻（uknav）老虎，跑得快，
　　跑得快，

乙：你多大了，還唱這種歌？

甲：我剛從動物園回來，高興嘛！

乙：動物園誰沒去過，這有什麼好高興的！

甲：這次校外教學，不但逛動物園，還學成語呢！

乙：成語！動物！這有關係嗎？

甲：有，這可多著呢！天上飛的，地上跑的，水裡游的，好多動
　　物和成語有關。

乙：好，那我問你十二生肖裡的動物好了。

甲：行，你說吧！

乙：（takulish）兔子。

甲：守株待兔，

乙：（sidi）羊。

甲：羔羊跪乳。

乙：（hagvan）牛。

甲：牛頭不對馬嘴。

乙：還有六個字的啊？

甲：成語也有六個字的呀！

乙：（uknav）虎。

甲：談虎色變。

乙：龍。

甲：龍……動物園裡沒有龍呀！

乙：不行了吧！

甲：有了，生龍活虎。

乙：怎麼又出來虎啦？

甲：剛剛出來的是公老虎，現在這隻是母老虎。

乙：好，你行。再問你！蛇。

甲：打草驚蛇。

乙：（asu）狗呢？

甲：雞飛狗跳。

乙：（tulkuk）雞一起出來了，那還有（aluaz）老鼠啦，（babu）豬啦……

甲：這容易，膽小如鼠，豬……豬……豬頭豬腦。

乙：這算什麼成語！

甲：那你會嗎？

乙：我不但會，還可以只用一種動物的成語說故事。

甲：用一種動物？你吹牛！

乙：告訴你，我不吹牛，我吹的是「馬」。你聽著：從前，從前，白馬王子為了救公主，便騎了一匹「識途老馬」出發。他「一馬當先」，打敗魔王，終於馬到成功，救了公主！從此……

甲：從此，王子和公主過著幸福快樂的日子。

乙：錯，從此，他們過著「馬馬虎虎」的日子。

甲：好了，我們也馬馬虎虎的（pisutdun）下臺吧！

　　本課原是以相聲表演模式的課文，但我一開始就把老虎唸作「uknav」，班上的小朋友都很好奇，為什麼老師會把「老虎」讀成「uknav」？我對小朋友說：「『uknav』在母語的意思是『老虎』」，但是你們會利用「虎」這個字來造詞、造句嗎？聽完我的話，學童就踴躍的提出了：虎虎生風、馬馬虎虎……等成語。小朋友與家長在社區所使用的語言都有不同的意義與理解，小孩子使用社區中的語言幫助自己理解他所觀察到的世界，可是在社區中學習的語言卻與學校使用的語言大不相同，倘若教師無法理解他們的語言邏輯，同樣的小朋友一定也無法完全理解教師的語言。我試著運用學童能夠理解的方式

上課，讓學童感到興趣，並且讓學童面對課本中的專有名詞或概念，不感到陌生而排斥學習。

表 6-1-4　平地學童日常生活語言調查表

學生代號　班級──座號	性別　男生 1　女生 2	族別	平常在家使用的語言		家長的社經背景
			第一使用	第二使用	
廖ㄨ翔	1	閩南	國語	閩南語	公
顏ㄨ峰	1	閩南	國語	閩南語	工
劉ㄨ宏	1	閩南	國語	閩南語	教
黃ㄨ勳	1	閩南	國語	閩南語	商
方ㄨ丞	1	客家	國語	英語	工程師
黃ㄨ一	1	閩南	國語	閩南語	光電技術員
黃ㄨ恩	1	閩南	國語	閩南語	商
柯ㄨ文	1	閩南	閩南語	國語	商
陳ㄨ昕	1	閩南	國語	閩南語	家管
楊ㄨ嘉	1	閩南	國語	閩南語	商
陳ㄨ宗	1	閩南	國語	閩南語	家管
許ㄨ任	1	閩南	國語	閩南語	汽車業務員
陳ㄨ銘	1	閩南	閩南語	國語	代書
郭ㄨ平	1	閩南	國語	閩南語	商
蘇ㄨ廷	1	閩南	國語	閩南語	課長
黃ㄨ哲	1	閩南	閩南語	國語	服務業
鄭ㄨ昱	1	閩南	國語	閩南語	服務業
吳ㄨ霖	1	閩南	閩南語	國語	商
施ㄨ哲	1	閩南	閩南語	國語	工
歐ㄨ薇	2	閩南	國語	閩南語	商

侯ㄨ妤	2	閩南	國語	閩南語	工
侯ㄨ蕙	2	閩南	國語	閩南語	商
王ㄨ儀	2	閩南	國語	閩南語	教
柯ㄨ岑	2	閩南	國語	閩南語	工
楊ㄨ宜	2	閩南	國語	閩南語	貨運司機
施ㄨ琳	2	閩南	國語	閩南語	商
劉ㄨ昀	2	閩南	國語	閩南語	服務業
楊ㄨ雯	2	閩南	國語	閩南語	商
周ㄨ津	2	閩南	國語	閩南語	公
林ㄨ辰	2	閩南	國語	閩南語	會計
岳ㄨ昊	2	閩南	國語	閩南語	商
陳ㄨ妤	2	閩南	閩南語	國語	會計
郭ㄨ慈	2	閩南	國語	閩南語	商

　　從上表可以了解平地學童日常生活使用的語言不是國語就是閩南語。為了讓學童能更熟悉國語與閩南語，現今多數學校都固定將每一週中的一日訂定成學校的「母語日」。細則如下：

一、母語日當天下課時間及日常生活對話、打招呼、接待客人儘量以母語應對。

二、於學生朝會時間或師長報告時，可以運用國語和母語交談，增進學生學習興趣。

三、除國語外，在不影響教學的情況下，儘量以母語進行交談。

四、辦理母語的學藝競賽，如演講、朗讀、說故事比賽等，培養學生對母語的欣賞能力。

五、走廊設置鄉土諺語專區、各班教室情境布置另闢鄉土語言教學專欄，並定期更新。

六、每週四利用晨光時間、導師時間教導學生認識鄉土俗諺。

七、平日鼓勵學生在家多與家人以母語交談，並確實追蹤。

八、每週四兒童朝會時間抽背唐詩，學生上臺用母語背唐詩。

對於鄉土諺語，教師必須讓學生了解諺語的講法，及其代表的意涵。如下表，學童既可以學習鄉土諺語，還可以了解其代表的意涵，進而對未來的寫作有所幫助。

表 6-1-5　鄉土諺語與國語對照表

臺灣俗諺	意義
雞屎落土也有三寸煙。	勉人要有志氣。
舉燈「毋」知腳暗。	不知缺點。
大富由天，小富由勤。	大富靠運氣，小富取決於勤。
大仙滾龍。	傲慢。
一枝草，一點露。	勉人只要努力，不怕沒飯吃，人各有天惠。
家和萬事興。	家人一條心，黃土變成金。
頂港有名聲，下港有出名。	一個人一種產品或名勝古蹟，名聞全臺。
家己種一欉，較贏看別人。	羨慕人家所有，不如自己努力去求取。
洗面洗耳邊，掃地掃壁邊。	大處著眼，小處著手。
抹壁雙面光。	做事模擬兩可，有牆頭草之意。
船過水無痕。	通常被認為施惠於人，而對方卻不知感恩回報的一句話。
食米毋知米價。	吃三餐，卻不知食物貴賤。
無食五月粽，破裘毋願放。	氣候的變化通常過了端午節後才會穩定。

除了運用相聲表演模式讓原漢學童清楚的分辨母語與國語的差別外，教師還可以安排「讀者劇場」讓原漢學童對於國語更加熟悉。讀者劇場是由兩個或兩個以上的朗讀者，作戲劇、散文或詩歌的口語表現，必要時將角色性格化、敘述、各種素材作整體組合，以發展出朗讀者和觀眾一種特殊的關係為目標。它表現的方式是讓演員朗讀者，從頭到尾都在舞臺或固定的區位上，已搭配少許的身體動作、簡單的姿勢及臉部

表情，朗讀出所設計各種部分。（周慶華，2007：66）對兒童而言，戲劇不僅僅是表演，更是一種遊戲，所以兒童很容易沉浸在戲劇的活動中，因為戲劇過程和兒童喜歡遊戲的天性是相關的。藉由戲劇，可以帶領兒童快樂地學習新知識，並促進許多能力的提升。以下為讀者劇場與說故事對照表：

表 6-1-6　讀者劇場與說故事差異對照表

相異點		
	說故事	讀者劇場
說者／讀者	通常由一位教師或兒童來陳述內容。	由一組兒童將劇本表現出來。
故事素材	將挑選後的素材完整且忠實地表現出來。	讀者劇場的故事是經過改編而來，轉換為劇本的形式。
道具	可適時運用裝扮和道具來活化故事內容。	不需要多餘的道具和裝扮。
敘事者	由說者一個人說完整個故事，說者便是敘事者。	讀者劇場則另需敘事者來連結情節。

第二節　提高運用的頻率與改善教學現場的氛圍

根據教學觀察，學生會唸字是來自於原本就會說，而不是在學校學會注音符號才幫助他們閱讀。他們先會這樣講話，或許也聽過其他成人這樣說話，爾後在面對文字時，才能夠很快地成為優秀的讀者，這部分也跟語音有相關。有些學生可以比較清楚分辨正確的音調，但有些小朋友寫的日記中，拼出來的字都是發音不標準的，然而他們拼的卻與他們說的語音一模一樣，所以他知道怎麼表達也知道怎麼使用符號，但是要寫出標準國語的拼音語音調例如：二聲或三聲，卻和他本身的發音有關，這都深深的影響他們學習注音符號的表現。

　　小朋友如果不能說出標準的國語，就無法拼寫出標準的符號。學生會用符號來拼出自己的發音，這是學習的表現。身為教師應該體會他們的學習展現，當學生無法講出標準的發音，或拼寫不出正確的注音符號，應該給予更多的鼓勵並且練習發出正確的音，因為當他可以發出正確的音，自然就能夠寫標準符號。注音符號的角色並不如我們所認為的這麼萬能，甚至就算他會寫出正確的符號，也不能代表他會講標準的音。學習注音符號後並不會讓學生就能講出標準國語，是漸漸的引導學生，這段過程更需要教師的鼓勵與不斷的練習、模仿，亦可透過各式各樣的語言活動讓學生學習語言，並嘗試不同的音調與語氣。透過多元的活動來學習語言，例如常聽標準發音的故事、會話、讓小朋友在真實情境下實際的使用語文，了解語言對話的脈絡性與真實性、不要只是唸單字。所以教師要做的是加強學習活動讓他從真正的語言學習活動中，學習到真正的語言、標準的語言。

　　怎樣提高學童運用漢語的頻率？就校內學習而言，教師可以透過多元的教學課程來增進學童對漢語的認識。例如：

　　六年級下學期社會科南一版「第四單元、臺灣社會的變遷」中的「第一課、家庭生活的變遷」課文提到：一、以前和現在的家庭型態有和不同？二、以前和現在的婦女就業情形如何？三、以前和現在的童年生活有和差異？

　　在上課的過程中，學童們個個充滿好奇的眼神，每個學童都專心的聆聽，深怕遺漏了教師在課堂中補充的「家鄉故事」。學童對於「故事」的興趣往往遠大於課文內容的真正意涵，課程結束，學童似乎也沒得到什麼助益。對於這樣的情形，我就將學生分組，並要求每一組的學童利用例假日進行社區訪查。以下是社區訪查的題目，並且在訪查後利用下表於課堂上報告：

　　一、請問一下，您小時候住什麼樣的房子？

　　二、請問您小時候是給誰帶大的？

　　三、請問您的媽媽從事甚麼工作？

　　四、請問您小時候放學後會做什麼？

　　五、請問您小時候家庭的經濟狀況如何？

表 6-2-1　學童社區採訪記錄表

臺東國小新聞採訪	
新聞主題：	家庭生活的變遷
採訪記者：	
攝影記者：	
採訪對象：	
採訪時間：	
採訪地點：	
採訪問題：	
採訪心得：	

臺東人電視臺新聞報導	
新聞標題：	家庭生活的變遷
新聞主播：	
採訪記者：	
新聞重點： 人： 事： 時： 地： 物：	

　　寫文章要有內容，所以「有話寫」是寫作的基本條件。「有話要說」才有寫作的動機；「有話可說」文章才有內容；而「說得有條理」文章才能達意，所以說話是作文的基礎。口述作文，便是說話，作文是說話的筆述，在低年級可以指導兒童練習口述作文，進而應用已習得的國字、注音，

最後筆述簡短文句。在作文教學的現場，常常會發現：學生按照老師所設計的步驟進行寫作，但是訓練兒童寫作不是老師「要」他們寫什麼？而是希望兒童知道他自己想「說什麼」？如果老師能讓兒童看到題目就「有話想說」，作文就不是一件困難的差事了。我曾試圖透過看圖作文的方式，輔以多媒材教具的情境營造，幫助學生於當時的情景下，觸發相關聯想，自然的抒發心中的所思所感。還有在教室中張貼各種圖文並茂的語詞，讓他們在充滿文字的環境中習字；同時設置閱讀寫作區，放置豐富的書籍和紙張，學生在其中可大量閱讀，寫作材料也隨手可得，並鼓勵他們利用這些材料寫下心情、對故事的感想或甚至想對某人說的話，激發對寫作的興趣。除此之外，在寫作過程中，教師可利用分組的模式，讓兒童採用共同創作的方法來寫作。誠如陳弘昌（1999）所言：用共作的方式，對全體寫作能力的提升很有幫助，因為語文學習困難的兒童在獨立嘗試寫作時，常有被隔離的無助感，他們很容易被排擠在學習活動之外，更降低了他們的能力與學習意願，所以採用分組共作的方式一起完成作品是最適宜的。

　　一般小學傳統的作文教學是指教師在教室中慣用的寫作教學方式，也就是傳統的命題作文方式。教學程序為：

（一）教師布題。

（二）講解題意。

（三）提供範文。

（四）師生共同擬定大綱、安排段落。

（五）學生根據大綱獨立寫作。

（六）完成作品，交給教師批改。

（七）訂正錯誤，共同欣賞。

　　一致性的教學方式，提供了一致性的寫件材料，以及一致性的寫作方法，方便教師教學，也方便學生寫作，但卻帶來教師和學生相當程度的惰性和依賴性。不管學生的資質、經驗如何，寫作的思考模式都以教師為主，難以擺脫既有的框架和束縛。負責任的教師會很認真的加以解說演釋，而大部分的教師都在布題之後，便任由學生自行摸索、寫作。學生熟悉了教師提供的範本和文句，很自然便將這些熟悉的文句加以模擬、應用，爾後學生便可以交差了事。所以教師在批改

作文時，常會發現學生所寫的內容，同質性相當高，少有個人見解，更缺乏創意思考和想像以及評判的能力，學生無法從作文中得到海闊天空的想像樂趣，以及抒發情感的快意，只是很無奈的把作文當作功課來完成，無法使文章變成親切的書寫對象，更不能清晰的表達出內心的情感。儘管文字再流暢，也只是複製他人想法的另一種形式，內心的情感和個人的遭遇、經驗，無法藉著文字流暢的表達出來。其實，透過教學活動的設計與安排，學童仍然可以寫出文情並茂的好文章。例如：（一）生活體驗：在教學時，教師可以採用「實際體驗」的方式，讓學生從親身的感受中，體悟相關名詞的意義。例如：在偏遠的原住民地區進行社會課程時，要讓原住民學童了解「大眾運輸」到底是什麼？最好的方法就是實際帶著學童搭乘大眾運輸工具，如火車。（二）講述故事：配合課文內容，教師可以提供一些相關的故事來吸引學生的注意，加深對課文內容的認識。例如：對於各個族群不同的風俗習慣，教師可以透過圖片、文字講述一些不同群族的生活習性、穿著、飲食習慣、或是祭典。（三）分組討論發表：不同的族群會有不同的思考模式，分組的過程中，每一組的組員中最好都有原漢學童。透過分組討論、互動的過程，讓學童了解「先說什麼？」、「再說什麼？」、「後說什麼？」的敘事方法。（四）作業安排：每天寫一篇日記，每天放學前每個學生都要來講臺前唸自己的日記和大家分享。寫日記主要是讓孩子練習以書面語來表達事情、心情與訊息，關鍵在於學生想不想分享，而不是寫的正不正確，倘若學生覺得寫日記很簡單，加上可以上臺分享，就會越寫越長，爾後也顧慮到教師看的懂不懂，就自己查字典或問教師標準的國字該怎麼寫。

　　作文是一種思考、表達、組織的訓練，只要訓練得當，儲存的素材豐富，學生就能擁有最佳的寫作工具，表達他們內心最真摯的情感、思想和理想，言之自然有趣。學生於實踐體驗當中，自省、內化之後，能夠發揮其豐富的聯想力，寓意深遠，行文之際，自然言之有味。所以說作文是語文教學的綜合展現，學童將作文學習與生活經驗結合在一起，配合教學現場教師教學的靈活和彈性，以及漸進式的寫作訓練方法，將是作文教學的最佳策略。

第三節　加強教師專業技能與提供學童觀摩改進的機會

　　「教師專業發展」這個名詞含有的意義是：把教師視為「專業人員」、把教師視為「發展中個體」、把教師視為「學習者與研究者」。（饒見維，1996：16）教育環境在變化，學生在變化，教師也要不斷學習、成長、發展，充實自己的專業。既然教師必須終身學習，因此教師專業發展的終極理想是：「透過相關制度與資源的調整，激發出教師的自我控制、自我導引與自我成長，並且透過某種互動型態，使教師們彼此激發各方面的專業發展。」此外，Wideen 對「教師專業發展」的含義，也作了如下詳細的說明：

> 「教師專業發展」有下列不同的含義：（一）協助教師改進教學技巧的訓練活動；（二）學校改革的整體的活動，以促進個人的最大成長，營造良好的氣氛，提高效果；（三）是一種成人教育，要依據教育原理，增進教師對其工作和活動的了解，不僅是提高教學成果而已；（四）是利用最新的教學成效的研究以改進學校教育的一種手段；（五）專業發展本身就是目的，協助教師在受尊敬的、受支持的、積極的氣氛中，促成個人的、專業的成長。（Wideen，1987，引自歐用生，1996：95）

　　吳清基（1995）指出，國內目前職前養成教育，算是相當有成就，然而再完美的教育，也仍然無法提供教師終身教學所需的知識，這是一種客觀的事實。因為科技知識的暴增、教育專業化的要求、教師社會角色的變異，在在都是導致教師必須不斷在職進修的主因。因此，一位教學有效率的教師，為求專業知識不斷地成長，確實有不斷在職進修的必要。

　　在國小的環境中，教師進修成長的管道很多，如：

（一）週三下午的校內教師進修：一般國小在一學期二十週的學期課程中，週三下午的時間扣除定期評量、每年固定的政策性宣導活動

外，為了符合教育部頒定的「高級中等以下學校及幼稚園教師在職進修辦法」中第九條的規定：「教師在職期間每一學年需至少進修十八小時或一學分」，每校每學期所排定的校內教師週三進修活動的次數，可能從 3、4 次到 13、14 次不等。而國小教師的校內週三進修學習活動進行的方式是，學期初由各校自行擬定週三進修的課程，經過校務會議通過後實施，並且要報請各縣市教育局備查。教師校內週三進修的實施方式可以是：

1. 示範教學與教學檢討會：係由有經驗或新進教師，在計畫與安排之下，作教學演示，讓其他老師觀摩，事後並舉行教學檢討會。

2. 協同成長團體：目前學校內的教師在職進修，用小組討論（會議）的情形非常多，如讀書會、學年會議、各科教學研究會等。這種小組討論，也可稱為「協同成長團體」（co-developmentgroup）。

3. 技術教導模式或同儕教練模式：在教師學習一種新的教學策略或技巧時，應再設計許多制度以提供支持性的回饋，以改進「教」和「學」，類似國內資訊教學中的種子教師。

4. 認知引導模式：這是對某一位教師之教學活動，進行實際、有系統的觀察，以便分析並改進教師的教學行為。此模式主要是在改善教師的教學表現，增進專業對話，幫助教師以反省的態度來檢視其教學活動，以培養教師「自我引導」的能力。

5. 專題演講：聘請專家、學者到校，針對教育議題作講解、宣導。

6. 專題行動研究模式：此種方法乃是教師在教學工作中，選擇教學上實際問題，根據研究方法與步驟，作有系統的研究，並將研究成果實際地加以運用。也就是教師在研究中採取改革行動，在行動中實施研究。（引自汪瓊嬌，2002：69-70）

（二）教師在職進修：所謂教師「在職進修」（In-service Education）是指教師在職期間，為增進學科知識、教學技能及專業知識，所從事的各項學習、觀摩及研究活動。依據「高級中等以下學校及幼稚園教師在職進修辦法」第三條規定，教師在職進修須與其本職工作或專業發展有關。所謂「本職工作或專業發展」是指教學與訓輔、課程與教材發展、教學評鑑、學校行政、教

育研究等專業與專門知能。（教育部，1996a）教師在職進修制度的分類，大致分為校外公辦、校外民辦與校內三大類。（陳舜芬等，1996）說明如下：

1. 校外公辦：（1）國外研習。（2）國內進修學位學分。（3）國內短期研習。

2. 校外民辦：（1）由教師團體辦理。（2）由教育相關組織辦理。

（三）校內：（1）校內自辦進修包括各科教學研究會、個案研究會、教學觀摩或專家演講、小型成長團體等。（2）教師自我閱讀、寫作、研究、旅行或參訪活動等。

（四）讀書會；學習有三態，第一種是個人書本式學習，主要表現形式如個人獨自看書閱讀等；第二種是團體式學習，主要表現形式如學校中的班級學習和集會研討等；第三種是生活式學習，主要表現形式如社會生活中人際間的互動和自然環境中的旅遊觀賞等。讀書會則是能夠進行上述三種不同的學習型態，其最終目標在於建構心靈藍圖，以達到生活中學習的境界。（林振春，1998）持續參與讀書會的學習活動後，對於國中小教師的一般知能及專業知能將會明顯的影響與提升。（李茂源，2002）

一般知能的影響：（一）閱讀理解能力的提升。（二）口語表達能力的提升：雖然教師每天從事教學工作，應當有相當程度的口語表達能力，然而教師在更換另一工作場所時，面對自己同事、學生時往往變得緊張、結巴，但是在持續參與讀書會之後，由於其「對話」的討論方式，以及心得、感想的分享過程，正是訓練成員口語表達的機會，所以持續參與讀書會有助於提升教師的口語表達能力。（三）解決問題能力的提升：學校的教學環境宛如一個孤立的世界，教師往往是孤單奮鬥，遇到問題時，也只能憑一己之力去設法解決，教師之間缺乏適當的交流、互動，也使得吸收解決問題能力的管道變得狹隘，往往只能從自身的經驗來發展出解決問題的策略。然而，在讀書會之中，由於長期持續的閱讀與討論各類書籍，從其中吸取一些新的觀念，或是學習作者面對問題的解決態度，逐漸為自己累積了許多解決問題的能力。除了經由書本的閱讀來習得更多解決問題的能力之外，

參與讀書會的教師更可以透過彼此經驗的交流與分享，相互學習彼此的長處與優點，對於解決問題能力的提升也能有相當程度的幫助。（四）合作互助能力的提升：因為參與教師同時也要負責讀書會組織的運作以及導讀的進行，這些事情都必須由每一位成員共同來擔任與協助，無形中就培養出參與教師間互助合作的精神。教學是一種孤寂的專業工作，教師大部分的時間以自己的認知與觀點來面對學生、解釋教材、批改作業、評量學習的結果。（黃宏建，2002）在讀書會的推行過程中，參與教師因為讀書會業務的需要，往往必須走出各自的教室，主動與其他教師聯繫，逐漸與學校其他的教師建立友誼，進而發展出寬廣的人際網絡。（五）人際相處能力的提升：藉由讀書會的參與，成員之間由於彼此互動更加頻繁，加上讀書會安全、溫馨的發言環境，使得成員能夠敞開心門，分享感受，因此得以讓參與的教師彼此之間突破平常的點頭之交，成為知心的好友。而個人的人際脈絡也能經由讀書會向學校拓展出去，造成人際關係限制的突破，尤其在大型的學校之中。在讀書會中也會有家長的參與，因此參與教師的人際脈絡更可由校園擴展至社區。在與家長的互動過程中，增進了親師彼此間的認識，甚至建立起共同的教育理念，對於班級的經營也有正面的幫助。（六）批判思考能力的提升：閱讀與討論是讀書會獨特的學習方式，由於討論的需要，使得參與教師必須更深入閱讀的層面，並且從書本的內容中提出自己的見解。在討論時，每位參與教師各有其觀點，在各種觀點的辯證與交流之下，往往能激發出新的火花，也使得參與的教師能夠用多元的角度去思考問題。在閱讀與討論的過程中，教師的批判思考能力便能獲得訓練而逐漸提升。（引自李茂源，2002：139-145）

專業知能的影響：（一）增進教師對教育新知的了解：由於讀書會所閱讀的書目是由所有的成員共同來決定的，因此所閱讀的書本類型包羅萬象。基於教育工作的需要，多多少少都會特別針對教育類的相關書籍進行閱讀與討論，長期累積下來，自然能夠增進參與教師對於教育理論、教育新知的認識與了解。（二）增進教師對教材設計的能力：以往教師令人詬病的原因在於過分依賴教科書，受限於本身所

學的不足，使得教師在教學時只能照本宣科，無法適時適地的補充相關資料，而在九年一貫課程改革開始推動之際，中小學教師對於「教材設計」能力的需求更是迫切。然而，教材設計的能力並非只是三、五天的短期研習就可提升，唯有靠持續的學習，長期的累積，才能為教師建立一個豐富的知識庫。正如學者林進材（1999）所言，有效的教學行為必須教師在教學活動中透過各種管道，發展出有效教學的策略、方法，以建立教學的知識庫，作為教學活動進行的參考。（三）提升教師教學技巧的能力：藉由參與讀書會長期持續的閱讀書本，不僅可以將書中知識內化為教師教學上的資源，有助於教師的教材設計，甚至可以將書中所論及的理論或觀點實際應用於日常的教學活動中，自然能夠豐富教師的教學技巧。（四）提升教師班級經營的能力：由於讀書會具有親密的伙伴關係，使參與的成員能產生團體的歸屬感，在充滿包容與接納的氣氛下，參與的成員最易打開心防，分享自己的教學經驗；另一方面也更願意去擷取他人的優點，來補強自己的不足，例如在班級經營方面，或者由共同閱讀中所獲得的新觀念也可以將之應用在這方面。（五）提升教師學生輔導的能力：參與讀書會教師在閱讀一些教育類的相關書籍之後，書中的一些新概念會影響參與教師在對學生的看法上有所改變，這些改變會逐漸落實在參與教師對學生的輔導上。或者書中一些相似的情境也能被參與教師運用在實際的學生輔導上。（引自李茂源，2002：148-151）

中小學教師在持續參與讀書會的學習之後，對於其閱讀理解的能力、口語表達能力、解決問題能力、合作互助能力、人際相處能力、批判思考能力等一般知能都有顯著的提升，而這些一般知能對於學生而言，也是學習上不可或缺的能力。因此，教師應視班級的情況與需求，結合學校與家長的資源推動班級讀書會，將讀書會的理念融入實際的教學中。透過班級讀書會的運作，讓學生在愉悅的討論氣氛中，享受閱讀的樂趣，並提升其閱讀理解的能力。

寫作教學是「師」「生」在課堂中語文領域的互動學習，教師進行作文指導，學生則是在了解並增進相關作文技能。單向的教學引導或單向的學習回饋，對於學童作文能力的發展是有限的。教師可以在課堂中

運用多元的教學方式，培養學童的作文能力，並激發文章創作的興趣，如：（一）辯論：就廣義上而言，辯論是「針對某一特定主題，持有不同立場和意見之人，以有系統、有條理的言辭，彼此陳述立論和反駁」。（諸承明，1990：26）就狹義而言，辯論還須滿足下列兩點：「具有一定的規則或程序」、「當面以語言方式表達」。（同上：27）

　　辯論是訓練學童批判思考的道路，在解釋、分析、評估某種訊息的過程中，運用一些反省的態度、技能和能力，去指導我們的思想、信念和行動。（Walsh & Paul，1986）除此之外，批判思考也是種辯證的思考方式。擁有辯證思考（批判思考）能力的人會不斷的修正自己的生活態度對於自己態度行為的判斷力也會適時的加以檢討。他們相信「蛻變」才是最真實的，他們追求一種動態的生活方式且會不斷地向自己的思考挑戰，從解決矛盾癥結的過程尋求對事的真正理解；同時，也只有從這些矛盾對立的思緒中才能增進他們辯證思考的批判能力。（Deshler，1985）當前九年一貫課程中希望學童們具有不僅能應用語文獨立思考，解決問題，進而面對爭議性問題，能進行理性辯證，最後再培養具有問題解決能力、批判思考能力和作合理決定的能力。（教育部，2003）（二）成果發表：兒童很容易將作文範本內的字、詞、句當作標準的寫作內容，學童的文章常常會與範本的內容差不多；或是直接抄襲範本的內容，當成自己的作品！因此，在作文教學的現場，我們應鼓勵兒童任意揮灑想像力，儘管是天馬行空，儘管是充滿非成人思考邏輯的創作，教師都一概接受。並且在學童完成創作後，要求學童發表自己的作品，不管是運用朗讀的方式將文章唸出；或是戲劇演出，只要學童勇於創作、發表，對於學童作文能力都有助益。（三）分組故事改編：兒童的觀察力與想像力最容易被啟發，所以平常就要引導他們想像，作五官拓思訓練，讓兒童更能仔細觀察，用心聆聽，並深切體會各種感覺，最後能把這些感覺說出來與寫出來。（王萬清，1997；杜淑貞，1998）我認為讓兒童聽故事是一個很好的方法，因為愛聽故事是人的天性，尤其對事物充滿好奇的兒童更具吸引力。（陳弘昌，1999；羅葆善，2003）藉由聆聽教師以各種深具表情、抑揚頓挫的聲音清晰地說出故事，可以引導他們想像且接

觸許多的語詞和句子，對寫作能力有輔助的功效。另外，透過小組的討論，針對同學們的不同意見作篩選，將討論所得轉換成大綱，進而完成完整的故事。學童在創作的過程中不是單打獨鬥一個人進行，而是在同儕互助合作的情境中完成。在討論過程中，可以培養學童表達與思考的能力，並將口頭表達以文字方式記錄下來，在一次次練習後，兒童能逐漸肯定自我的寫作能力，對寫作的勝任感超越了焦慮，能力也就會跟著提升。

第七章　轉原漢學童病句為美句的方向

第一節　強化美句教學為積極的手段

　　如果把語文經驗作個分類（以便認知和仿效），那麼它就大體不出人所能具備的「知識」性經驗、「規範」性經驗和「審美」性經驗等三大範疇。在以「教學方法」為論域限定的前提下，它們可以稱作「知識取向的語文教學方法」、「規範取向的語文教學方法」和「審美取想的語文教學方法」等。（周慶華，2007：107）「知識取向的語文教學方法」所對應的知識取向的語文經驗，是從純理性的基礎來論斷限制的。它假定語文經驗是一種人類理性的架構，所以必須合理化；它的目的乃在於求「真」。（姚一葦，1985a：353-354）於是從這一純理性的科學的觀點出發，找出語文成品所依據的是什麼以及更經由這一事物的邏輯架構或者說它的動作而找出它的意義。而這還可以再區分出「抒情／敘事／說理等文體類型」、「高度抽象／中度抽象／低度抽象等抽象類型」、「前現代／現代／後現代等學派類型」和「創造觀型文化／氣化觀型文化／緣起觀型文化類型」。（周慶華，2007：108）語文成品可細分出那麼多的文體類型，但在先前作文病句的相關文獻中，並沒有學者透過了解文體類型來解決學童作文病句的問題，大多只按照幾個步驟來分析、探討學童作文病句：（一）寫作歷程；（二）病句的類型；（三）影響學童作文病句生成的相關因素；（四）相關建議、補救辦法。

　　但是在了解學童作文病句生成的相關因素後就會明白：不管在構思前，或是文章創作中，作文病句的產生是必然的。倘若只針對「作文病句」來作修改、補救，對於學童作文能力的增進實在不大。例如：在下列學童的文章〈時光隧道〉中，我們可以歸類出文章中出現那些病句類型，並試著探討病句的生成因素，最後提出建議及

補救辦法。但對於學童寫作而言這實為一種消極的手段！因為學童聽從教師的建議進行訂正、修改、多閱讀，但學童作文病句還是無法避免。也就是說，學童只學到了作文修改，卻始終無法寫出打動人心的好文章！

〈時光隧道〉

在寧靜的夜晚裡我孑然一身的躺在一間美輪美奐的房間裡安詳的睡覺了，突然我作了一個特別的夢。在兒童節那天，我們全家人一起去逛百貨公司，在一樓排子寫著「時光隧道」，我好奇的走進去，結果是一臺龐大的機器。它有三種選項，第一個是「以前」、第二個是「現在」、第三個是「未來」。我按下「未來」；我看我是一位負責任又開朗的「老師」，上課時小朋友就像屁股有蟲一樣動來動去根本沒在聽，害我都要七竅生煙的來罵人，連隔壁班都可以聽到，下課時卻生龍活虎般的有精神去外面打球……等。有時還會看到他們可愛的笑臉，有時還會不禁想幫他拍下來。接下來我按下「以前」；我看到我是一位天真無邪的小孩子，整天都在外面玩，爸爸在教我功課時我卻聽的一趟糊塗，所以我都說：「知道」，但是叫我寫就不會寫，這時爸爸就會大發雷霆的嘮叨我，我就會怕，所以我就會淚流滿面連整本課本都會濕濕的……

我覺得不管是長大或未來都是要有鍥而不捨的精神去面對，也不要時間過了才珍惜，所以每一天都要有多采多姿的生活。

（2010.04.02）

倘若運用「美句教學」來指導學童寫作，不僅可以避免作文病句的產生（至少也會減少寫出病句的機會），還可以使文章的內容豐富、層次提高。例如：從下列的文章中〈雨變成一首詩〉，我們可以透過「美句教學」的活動方式讓學童體驗聽、說、讀、寫的作文樂趣。引起動機：教師請教室內的學童透過聽覺來述說對於「雨」的感覺。發展活動：而其他的學童在聆聽別人的看法後，也可以將他人與自己的經驗作結合，最後歸納出一套屬於自己的看法。綜合活動：將學童發表的意見結合成為一首簡單的童詩。

〈雨變成一首詩〉

春暖花開的三月，窗外下起了一陣雨。老師問：「你們有沒有聽見雨聲？」小奇說：「有啊！剛才下著嘩啦嘩啦的大雨；現在下著淅瀝淅瀝的小雨。」小珍看著窗外，想了想說：「雨好像一根一根的針，從天上掉下來了！」小雲搖搖頭說：「針會刺痛人，可是小雨打在身上一點都不痛，應該說雨像細絲一樣，從天上飄下來了！風一吹，雨就好像在跳舞呢！」……

下課前，老師露出滿意的笑容說：「你們都很用心的觀察，表現不錯呵！」接著，老師在黑板上寫下：「雨，淅瀝淅瀝的下，像細細的絲線；風，輕輕的吹，像在和小雨跳舞……雨，從天上飄下──落在草地上，聞起來，青草香，摸起來，清又涼！雨，帶來春天的訊息，帶來笑聲和想像。」大家又驚訝又高興的說：「哇！我們把雨變成一首詩了！」

第二節　抒情性美句的教學方向

一、抒情文的教學目標

　　每個人都有喜、怒、哀、懼、愛、惡、欲等情感，想寫出一篇感人肺腑的文章，便是將內心飽滿的情感利用文字依照文章的體裁、寫作的目的，恰當的宣洩出來。抒情的寫作方式依照徐素玫的說法，大致分為兩種：一種是直接抒發自己的想法與感覺，稱為直接抒情；另一種是透過人、事、景、物等來抒發情感，是一種較為含蓄、柔美的抒情方法，稱為間接抒情。（徐素玫，2000：71-72）當然使用直接抒情或是間接抒情來書寫文章各有巧妙，只要能夠把心裡面感觸深刻的情緒，運用文字表達記錄，這種特別偏重於情感抒發，扣人心絃的文章，都稱作抒情文。我們經常會因為遇到不同的事物，而表現不同的態度與反應。例如當我們遇到一個欺善怕惡的壞人，我們則會把厭惡、鄙視或是正義的感情表現出來；相反的，當我們遇到久久不見且和藹可親的長輩，我們也

會把尊敬、認同的態度流露出來。書寫文章時也不例外，描寫人事景物的時候，適時的流露出內心的情感與自然反應，並將它訴諸於文字，讓一篇文章蘊含豐富的情感，使讀者能身歷其境並深受感動，就是將寫作抒情化的手法。陳正治指出：人因為富有情感，因此生活在家庭、學校、社會裡，一定會被許多事情打動我們的心。我們發揮喜、怒、哀、懼、愛、惡、欲等情感而寫出的文章，也就是抒情文。（陳正治，1976：8）抒情文的寫作方法，第一是要從事實中去取材，以貼切自己生活的事物來發揮，不僅能豐富文章內涵，也較容易引發作者和讀者的興趣。第二是要富有感情的描寫，拿感動自己的元素，去感動讀者才有說服力，也不致於把情感的抒發淪落為口號，自己要先被感動，然後才能提筆寫出有感情的文句。因此，教師在教學時，可充分利用景物、物品、事件等媒介，引導學生利用媒介引發情思、觸動情緒等方式來完成抒情文的寫作。柯品文指出，進行抒情文寫作教學時，應教導學童適度在文章中融入自己所要表達的感情，把自己心中的感受和心情，藉著所描寫的景物抒發出來，來使寫出來的文章能真正的感動人心使人感同身受產生共鳴感。（柯品文，2005：86-89）此外，抒情文最末端的結尾，再寫自己的感想，用自身的情感來打動人。正因為人是感情豐沛的動物，事物的現象狀態、人物的描述和情節，往往是會觸動人們內在的情感，使讀寫的人心生感動。

　　何謂抒情文？從字面上解釋，「抒」是表達抒發；「情」是內心情感。抒情文就是指作者表達個人內心情感，且能引起讀者共鳴，打動人心的文章。抒情文是作者情感的抒發，並運用記錄、描寫等各種手法書寫而成的文體。而情感中所顯現的「意象」就是抒情文的最佳寫作要素。因此，抒情文寫作的主要目的，在於真摯地流露個人情感、宣洩個體情緒、甚至表達個體心聲，進而感動讀者。王鼎均認為記敘文可以增進我們的知識，其目的在於使人「知」；抒情文可以感動我們的內心，目的在於使人「感」；議論文可以增進我們的見解，目的在於使人「想」，使人「信」。可見，抒情文所要抒的情，應能帶給我們由內而外、肺腑真誠的情感教育，使我們優美地展現情感。（王鼎均，1978：107）

　　綜合以上的看法，抒情文的教學必須達到下列三項目標：

（一）認知方面：能理解並運用抒情文的寫作步驟方法或原理原則，將自己的情感適度有組織的表現於文章中，以引發讀者的共鳴和回應。

（二）情意方面：能從寫作的歷程中，抒發自己的情感，表達寫作者的思想和情感，引起讀者的感動與共鳴。

（三）技能方面：能從生活經驗中，尋找抒情文寫作的相關題材，並妥善運用寫作的相關技巧。

二、抒情文的寫作方式

在教學上引導學童抒情寫作的方式，參照高詩佳、侯紀萍的分類，大約可分為以下幾種（高詩佳、侯紀萍，2007：121-141）：

（一）直接抒情

不必藉由其他事物，也不需要拐彎抹角，或是迂迴、含蓄的敘寫，而能直接且強烈的把心裡所要表達的情感描述出來，就是最直接的抒情方式。但是原漢學童寫出的抒情句子卻是：

原：＊有天我在親水公園玩一天的天氣晴空萬里真是一個很好的天氣。（E，P-1-01-01）

漢：＊我看著這些阿媽阿狗長大，也是有一點喜悅至於到了明天又是個美好的一天。（A，T-1-03-04）

學童無法運用文字將自己內心的情感表達出來，不論是詞語運用、句子結構和語意表達都出現問題。原漢學童無法在簡短的字句中表達情感，句子冗長情感卻不豐富；句子簡短卻言不及義！

兒童詩的類型，成人寫作的，約略可分為：抒情、敘事、寓言、童話、故事等多種，但以現階段發展的兒童詩來看，抒情、敘事的作品較多，且多屬於短詩形式。（林煥彰，1980：6）所以我覺得利用童詩教學來加強原漢學童抒情性美句的練習與創作是最佳的教學方式。相關的教學方向舉例如下：

表 7-2-1　〈水果們的晚會〉美句教學活動設計

單元名稱	水果們的晚會	年級	六年級
學校	臺東縣臺東國小	時間	2 節課（80 分鐘）
設計者	曾振源		
教材來源	窗外流動著寶石藍色的夜／屋子裏流進來牛乳一樣白的月光／水果店裏的鐘聲噹噹的敲響過了十二下／美麗的水果們都一齊醒過來／請夜風指揮蟲兒們的樂隊來伴奏／這奇異的晚會就開了場／第一個是香蕉姑娘和鳳梨小姐的高山舞／跳起來裙子就飄呀飄呀的那麼長／緊接著／龍眼先生們來翻跟斗／一起一落的劈拍響／西瓜和甘蔗苦真滑稽／一隊胖來一隊瘦／怪模怪樣的演雙簧／芒果和楊桃只會笑／不停的喊好／不停的鼓掌／鬧呀笑呀的真高興／最後是全體水果們的大合唱／他們唱醒了沈睡著的夜／他們唱醒了沈睡著的雲彩／也唱來了美麗的早晨／唱出來美麗的早晨的太陽／楊喚（1980），〈水果們的晚會〉，林煥彰主編，《童詩百首》，臺北：爾雅。		
教學目標	1.能說出詩中的內容。 2.能從詩的內容，說出與其他事物或觀念的聯想。 3.能欣賞童詩，並培養豐富的想像力。 4.能懂得欣賞文章中的美句，並學習創作抒情性美句。 5.能運用詩中學過的字詞語句，寫出通順優美的句子。		
教學活動		時間分配	教學資源
～第一節課開始～ 一、準備活動 　教師準備圖卡：太陽、月亮、香蕉、鳳梨、龍眼、西瓜、甘蔗、芒果、楊桃。 二、發展活動 　（一）媒體應用：教師採多媒體教學，以powerpoint 來呈現〈水果們的晚會〉這首童詩。		15 5 5	

（二）教師請小朋友發表發表：		
1. 家鄉夜晚的景色如何？	2	
2. 家鄉早晨的景色如何？	3	
3. 教師針對童詩內容，提出幾點相	5	
關的問題：	5	
＊ 在文章中，夜晚是什麼顏色的？		
＊ 月光的顏色？		
＊ 怎麼知道時間是在晚上？		
＊ 你聽過那些蟲鳴聲？		
＊ 水果的特徵：顏色、外觀、滋味。	5	
～第一節課結束～		
～第二節課開始～		
一、準備活動		
教師將學生發表的內容寫在黑板上。		
二、發展活動	5	
讀過這首童詩後，教師針對文章中的美句提		
出幾點相關的問題：		
＊ 高山舞是由那些水果進行的？		
＊ 為什麼龍眼翻筋斗會有聲響產生？	5	
＊ 西瓜與甘蔗唱雙簧的模樣是如何？		
＊ 為什麼可以將沈睡的夜唱醒？	25	
三、綜合活動		
（一）教師請學生分享讀完這首童詩的心		
得和感想。		
（二）學生將文章中抒情性美句挑出，並說		
明理由。		
（三）教師針對本首童詩的寫作技巧與學生		
的心得感想進行總結，並請學生以相		
同的題材進行創作。		
～第二節課結束～		

（二）觸景生情

　　因為眼前景物的變化，加上生活背景的連結，因而觸動內心深處的感動，所以借助眼前的風景，來宣洩心中的感情，以期待他人能同理感受內心的情感，這種寫法就是觸景生情的文章：

表 7-2-2 　〈城中樹〉美句教學活動設計

單元名稱	城中樹	年級	六年級
學校	臺東縣臺東國小	時間	2 節課（80 分鐘）
設計者	曾振源		
教材來源	我想／這些樹一定頂煩悶的／每天／承受過量的塵埃／以至飛揚不起來／我想／這些樹一定頂悲哀的／每天／來不及盥洗／跟這裡的居民同樣／一臉的灰／我想／或許／這些樹是快活的／它們有到處有家的快感／今天在安全島上／明兒在路邊／只有你是／最最不快活的／一株不長葉的／禿樹。莫渝（1991），〈城中樹〉，蔡榮南等編，《臺灣兒童詩選集①》，臺中：臺灣省兒童文學協會。		
教學目標	1.能說出詩中的內容。 2.能從詩的內容，說出與其他事物或觀念的聯想。 3.能欣賞童詩，並培養豐富的想像力。 4.能懂得欣賞文章中的美句，並學習創作抒情性美句。 5.能運用詩中學過的字詞語句，寫出通順優美的句子。		

教學活動	時間分配	教學資源
～第一節課開始～ 一、準備活動 　教師針對本首童詩的主題，提出幾點相關的問題，藉以引發學生的學習動機。 　＊你聽過樹的聲音嗎？ 　＊那如果你抱著樹，把耳朵緊緊地貼在樹幹上，有沒有可能聽到樹的聲音。	5	

＊用生病時醫生用的聽診器，把聽診器貼在樹幹上，能不能聽到樹的聲音。 ＊如果你聽不到任何的聲音，換另一顆樹會不會有不同的聲音？		
二、發展活動		
（一）媒體應用：教師採多媒體教學，以powerpoint 來呈現〈城中樹〉這首童詩。	5	
（二）教師請小朋友發表：	5	
1. 都市的景觀有那些特色？	5	
2. 鄉村的景觀有那些特色？		
（三）教師針對童詩內容，提出幾點相關的問題：	5 5	
＊ 樹的特徵是什麼？		
＊ 都市與鄉村的樹有什麼差別？	10	
＊ 樹在難過時會是什麼模樣？		
＊ 樹在快樂時會是什麼模樣？		
～第一節課結束～		
～第二節課開始～		
一、準備活動	5	
教師將學生發表的內容寫在黑板上。		
二、發展活動	10	
（一）讀過這首童詩後，教師請小朋友分別將都市中的樹與鄉村中的樹簡略的畫在圖畫紙上。	5	
（二）教師將學童的圖畫作比較，並請學童發表創作心得。		
三、綜合活動	20	
教師針對本首童詩的寫作技巧與學生的心得感想進行總結，並請學生以相同的題材進行創作。		
～第二節課結束～		

（三）藉物思情

　　也是間接抒情的一種，因為某一件富有情感象徵的物品，引發內心的懷念或感動，也就是「睹物思人」，由景物所感，所以藉助某樣物品帶出自己的回憶，得以抒發了真摯的情感：

表 7-2-3　〈手套〉美句教學活動設計

單元名稱	手套	年級	六年級
學校	臺東縣臺東國小	時間	2 節課（80 分鐘）
設計者	曾振源		
教材來源	寒冷的冬天來了／媽媽織了一雙手套／給我上學的時候戴／這雙毛線手套就是／媽媽的手握著我的手／我的手就不會凍壞了／我的手很溫暖／我的心裡也很溫暖／小明沒有媽媽／小明也沒有手套／我要請媽媽織一雙手套送給他／好讓他的手也有／媽媽的手緊緊握著／他的手就不會凍壞了／他的手會很溫暖／他的心裡也會很溫暖。謝武彰（1985），〈手套〉，謝武彰等編，《童詩五家》，臺北：爾雅。		
教學目標	1.能說出詩中的內容。 2.能從詩的內容，說出與其他事物或觀念的聯想。 3.能欣賞童詩，並培養豐富的想像力。 4.能體會家人對我們付出的愛，並心存感激。 5.能將故事內容，轉化成生活經驗，並與同學分享。 6.能懂得欣賞文章中的美句，並學習創作抒情性美句。 7.能運用詩中學過的字詞語句，寫出通順優美的句子。		

教學活動	時間分配	教學資源
～第一節課開始～ 一、準備活動 　教師詢問學生，父親、母親在自己心中的地位與形象，並請學生說明原因或舉例。 二、發展活動	10	

（一）媒體應用：教師採多媒體教學，以 powerpoint 來呈現〈手套〉這首童詩。	5	
（二）教師請小朋友發表：		
1. 對於冬天有什麼感覺？	5	
2. 在冬天最常作什麼事？	5	
（三）教師針對童詩內容，提出幾點相關的問題：	5	
＊ 讀過這首童詩後，教師針對此童詩引導學生簡單說明本首童詩的大意。	5	
	5	
＊ 手套的功能？		
＊ 小明的媽媽在哪裡？		
＊ 詩中裡哪一句話最令你最感動？為什麼？		
～第一節課結束～		
～第二節課開始～		
一、準備活動		
教師將學生發表的內容寫在黑板上。	10	
二、發展活動		
讀過這首童詩後，教師針對童詩的內容提出幾點相關的問題：	5	
＊ 說說看，除了媽媽以外，一直照顧你的人（也許是爸爸、阿姨、奶奶、外公……等），他（她）是一個怎麼樣的人？		
＊ 他（她）有沒有做過什麼事讓你的印象很深刻？	5	
＊ 他（她）最常跟你說哪一句話？為什麼？		
＊ 你最想跟他（她）說什麼話？	20	
＊ 你覺得你要怎麼做才會讓他（她）開心？		

三、綜合活動		
（一）教師請學生分享讀完這首童詩的心得和感想。		
（二）學生將文章中抒情性美句挑出，並說明理由。		
（三）教師針對本首童詩的寫作技巧與學生的心得感想進行總結，並請學生以相同的題材進行創作。		
〜第二節課結束〜		

（四）敘事傳情

藉由敘述一件與作者相關的事情的發生經過和情況，帶出情感或將感情融入生活瑣事，以寄託情感，表現特殊的感情。

表 7-2-4　〈上香〉美句教學活動設計

單元名稱	上香	年級	六年級
學校	臺東縣臺東國小	時間	2 節課（80 分鐘）
設計者	曾振源		
教材來源	點燃三炷香／奶奶又在跟爺爺打電話了／面對爺爺的相片／奶奶輕輕的問／你吃飽了沒／我親手燒的菜／還合你的口味吧／天氣哪麼冷／你咳嗽的老毛病好一點沒／給你燒的錢夠不夠／還有沒有錢可以花／一個人住在那麼遠的山上／沒有事要常回來／爺爺好像什麼都聽懂一樣／煙燻的臉上浮起來一片笑容。洪志明（1991），〈上香〉，蔡榮南等編，《臺灣兒童詩選集①》，臺中：臺灣省兒童文學協會。		
教學目標	1.能說出詩中的內容。 2.能從詩的內容，說出與其他事物或觀念的聯想。 3.能知道關於出生、死亡的正確概念。 4.能明白珍惜生命、尊重生命的意義。		

	5.能欣賞童詩，並培養豐富的想像力。		
	6.能懂得欣賞文章中的美句，並學習創作抒情性美句。		
	7.能運用詩中學過的字詞語句，寫出通順優美的句子。		

教學活動	時間分配	教學資源
〜第一節課開始〜 一、準備活動 　　教師準備民間傳統祭祀所需的東西：線香、 　　紙錢、蠟燭。 二、發展活動 　（一）媒體應用：教師採多媒體教學，以 　　　　powerpoint 來呈現〈上香〉這首童詩。 　（二）教師請小朋友發表： 　　　　1. 學童的宗教信仰為何？ 　　　　2. 需要進行那些宗教儀式？ 　（三）教師針對童詩內容，提出幾點相關的 　　　　問題： 　　　　＊ 教師請學生回答在這首詩中有那 　　　　　 些人物？他們在做什麼事？這首 　　　　　 詩在描述一個什麼樣的情形？ 　　　　＊ 奶奶與作者的心情如何？ 　　　　　〜第一節課結束〜 　　　　　〜第二節課開始〜 一、準備活動 　　教師將學生發表的內容寫在黑板上。 二、發展活動 　　讀過這首童詩後，教師針對童詩的內容提出 　　幾點相關的問題： 　　＊ 點香與打電話有什麼關連性？ 　　＊ 在成長過程中，照顧自己最多的人是誰？	5 5 5 5 15 5 5 15	

＊ 我覺得他（她）是一位……		
＊ 他（她）每天為我……		
＊ 對於照顧自己的人最常說的話是什麼？		
＊ 你要如何將心中的話讓他知道？		
三、綜合活動	20	
（一）教師請學生分享讀完這首童詩的心得和感想。		
（二）學生將文章中抒情性美句挑出，並說明理由。		
（三）教師針對本首童詩的寫作技巧與學生的心得感想進行總結，並請學生以相同的題材進行創作。		
～第二節課結束～		

（五）借人抒情

　　主要在表達自我的心聲，於生離死別的情境中，把對某人的感懷與思念，透過文章書寫，將內在的情緒表現出來：

表 7-2-5　〈山水畫〉美句教學活動設計

單元名稱	山水畫	年級	六年級
學校	臺東縣臺東國小	時間	2 節課（80 分鐘）
設計者	曾振源		
教材來源	奶奶那把扇子／摺疊著一幅山水畫／山靜靜的躺著／河輕輕的流著／夏天過去了／奶奶把山水鎖進衣櫥裡／奶奶的臉上／也有一幅古色古香的山水畫／自從奶奶去世後／我把它憂傷的摺疊起來／鎖進自己的心坎裡／今年夏天／我在衣櫥裡找到那把扇子／啊／扇子展開了／裡面卻摺疊著一張張／奶奶的笑臉。杜榮琛（1985），〈山水畫〉，謝武彰等編，《童詩五家》，臺北：爾雅。			

教學目標	1.能說出詩中的內容。 2.能從詩的內容，說出與其他事物或觀念的聯想。 3.能欣賞童詩，並培養豐富的想像力。 4.能懂得欣賞文章中的美句，並學習創作抒情性美句。 5.能運用詩中學過的字詞語句，寫出通順優美的句子。 6.能知道關於出生、死亡的正確概念。 7.能明白珍惜生命、尊重生命的意義。

教學活動	時間分配	教學資源
～第一節課開始～ 一、準備活動 　　教師準備：扇子、舊照片、山水圖畫。 二、發展活動	5	
（一）媒體應用：教師採多媒體教學，以 　　　　powerpoint 來呈現〈山水畫〉這首 　　　　童詩。		
（二）教師請小朋友發表： 　　　1. 家中的成員有那些？ 　　　2. 參加喪禮的經驗？	5 5	
（三）教師針對童詩內容，提出幾點相關 　　　　的問題： 　　＊ 作者的奶奶有什麼特徵？ 　　＊ 詩中出現的季節？ 　　＊ 山水畫中有那些景觀？ 　　＊ 家中年長的長輩有什麼特徵？ 　　　　～第一節課結束～ 　　　　～第二節課開始～	5 5 10 5	
一、準備活動 　　教師將學生發表的內容寫在黑板上。 二、發展活動		

讀過這首童詩後，教師針對童詩的內容提出幾點相關的問題：	10	
＊奶奶如何把山水鎖進衣櫥裡？	5	
＊長輩有沒有做過什麼事讓你的印象很深刻？		
＊作者如何把憂傷摺疊起來、鎖進心坎裡？		
＊你最想跟他（她）說什麼話？		
＊你覺得你要怎麼做才會讓他（她）開心？		
三、綜合活動		
（一）教師請學生分享讀完這首童詩的心得和感想。	20	
（二）學生將文章中抒情性美句挑出，並說明理由。		
（三）教師針對本首童詩的寫作技巧與學生的心得感想進行總結，並請學生以相同的題材進行創作。		
〜第二節課結束〜		

　　童詩的內容充滿了藝術觀、教育觀和兒童觀。作者常會運用「隱喻」的修辭技巧來創新讀者對於舊有事物的認知。例如在〈山水畫〉一文中的句子：「奶奶把山水鎖進衣櫥裡／奶奶的臉上／也有一幅古色古香的山水畫／自從奶奶去世後／我把它憂傷的摺疊起來／鎖進自己的心坎裡／今年夏天／我在衣櫥裡找到那把扇子／啊／扇子展開了／裡面卻摺疊著一張張／奶奶的笑臉。」「山水」就我們平日的認知來說是具體而且大範圍的，但在〈山水畫〉文中卻成了可以收進衣櫥裡的小東西；「憂傷」也是人的情感，在文中也變成了具體的事物。在寫作中，一味的教導學童避開作文病句、修改作文病句是消極的作法，教師不妨透過抒情性美句教學來引導學童寫出創意、富有情感的文章，等到學童懂得創作出抒情性美句，作文病句的產生機率一定會大大減低。

第三節　敘事性美句的教學方向

　　根據早期國民小學國語科課程標準，從文章寫作方法的角度，以一篇文章中運用最多的手法作為文體分類的依據，將散文分成記敘文、說明文、議論文三類。（教育部，1993）

　　記敘文是以記人敘事為主要內容的文體，透過敘述事件的發生、發展、過程和結果及人物的經歷、發展、變化情況對事件或人物作全面介紹。常見的形式有神話、傳說、敘事詩（史詩）、傳記、敘事散文、小說、戲劇……等。記人和敘事關系密切，通常並存於同一篇文章裡，寫作時要有側重點。敘事性記敘文以事為主，著重有條有理地敘述事情發生的前因後果及發展的整個經過，人物描寫穿插其間。記人性記敘文以人為中心，也離不開敘事，但不能簡單地作敘述，而要經過介紹人物的身世經歷或事跡凸出人物個性特徵。無論記人還是敘事，文章中都必須有一條統一的貫穿全文的線索，通常以時間、空間或事件的內在聯系為敘述的主線。敘事性記敘文可以圍繞事件發展過程來寫，以記人為主的文章則要以人物活動為中心線索安排細節材料。

　　記敘文以敘述為主要方法，常用的敘述方法有順敘、倒敘和插敘。順敘就是按客觀事物發生發展的先後次序進行敘述。倒敘就是把事件的結局或事件中最凸出的片段提到文章前面敘述以引起讀者注意，然後再按事件的一般發展順序進行敘述。插敘是在敘述某一事件時由於情節需要，插入記敘其他相關事件。

　　掌握住各類記敘文的結構規畫後，則應積極針對人物、物品、景色、事件的共同面向、特殊面向，或事件歷程進行觀察，如此才能將觀察的內容，轉變成具體的文章內容，完成篇章的寫作。相關的教學方向舉例如下：

表 7-3-1　〈擁抱藝術生活〉美句教學活動設計

單元名稱	擁抱藝術生活	年級	五年級
學校	臺東縣臺東國小	時間	2 節課（80 分鐘）
設計者	曾振源		

教材來源	摘要：如果每天清晨都能再悅耳的鳥鳴和撲鼻的花香中醒來，環顧滿室的姹紫嫣紅，呼吸清新的空氣，那會是一件多麼令人喜悅的事！ 趁著暖暖春日，我們全家來到坐擁山林的客家村落。放眼望去，桃李爭妍、百花綻放。幾個轉彎後，看到一個引人注目的咖啡屋招牌，正熱情招呼著每個往來的遊客。禁不住好奇心驅使，我們也想一窺它神秘的面貌。 沿著石階往上走，進入咖啡屋園區內的花園，首先看到三色菫和瑪格麗特爭相展露娉婷花姿，高掛的矮牽牛也綻放笑顏，歡迎我們，還有各式各樣令人驚豔的造型花器，搭配著不同的植物，十分賞心悅目。花園的中央有一處小池塘，池塘裡有綠頭鴨自在的優游，加上蜻蜓、彩蝶穿梭飛舞其中，整座花園看起來就像一幅充滿生命力的油彩畫。（賴慶雄主編，2010），〈擁抱藝術生活〉，賴慶雄主編，《康軒版國民小學國語第十冊》，臺北：康軒。
教學目標	1.專心聆聽有關「藝術融入生活」的故事。 2.說出對「藝術融入生活」的真實體驗。 3.認識文體：本課為寫景兼寫事的記敘文。 4.練習描寫景物、動作、心情的四字詞語。 5.能懂得欣賞文章中的美句，並學習創作敘事性美句。 6.能運用文章學過的字詞語句，寫出通順優美的句子。

教學活動	時間分配	教學資源
～第一節課開始～ 教學準備：收集有關藝術的相關書籍和網站資料。 一、引起動機 　　教師以「什麼是藝術？」為題進行腦力激盪，敲開藝術之門。參考答案：美術、雕塑、建築、園藝、音樂、舞蹈、戲劇等。	10	

二、發展活動	5	
（一）找出關鍵句：	5	
1. 第二段寫什麼人在什麼時間做什麼事情？	5	
2. 第三段中寫在園區有什麼動人的景色？	15	
3. 主人為什麼開放庭園和人分享？		
（二）教師請小朋友將每段的關鍵句串成大意：作者全家到客家村去玩，步入園區，看到彩蝶、綠頭鴨和花草構成一幅充滿生命力的油彩畫。咖啡屋的主人說她從小就喜歡美麗的事物，而且想要與人分享，所以將庭園開放，希望更多人在花草中找回對生命的感動。		
～第一節課結束～		
～第二節課開始～	15	
一、準備活動		
教師將學生發表的內容寫在黑板上。		
二、發展活動		
讀過本課課文後，教師針對課文的內容提出幾點相關的問題：		
＊為什麼在鳥鳴和花香中醒來，是快樂的事？		
＊作者一家人為什麼來到坐擁山林的客家村落？		
＊作者在園區看到那些花？怎麼形容？		
＊主人如何打造美麗花園？	15	
＊說說看，有那些藝術融入生活的例子？		
三、綜合活動		

（一）引導學童透過老師的敘述，從課文中找出描寫景物、動作、心情的詞語，再從中練習造句。 景物：姹紫嫣紅、桃李爭妍、百花綻放。 動作：放眼望去、引人注目。 心情：令人喜悅、賞心悅目、情有獨鍾。 （二）修辭練習：找出設問兼排比的句子，仿寫一句。 （三）教師針對本課的寫作技巧與學生的心得感想進行總結，並請學生以相同的題材進行創作。 ～第二節課結束～	5 5	

表 7-3-2　〈恆久的美〉美句教學活動設計

單元名稱	恆久的美	年級	五年級
學校	臺東縣臺東國小	時間	2 節課（80 分鐘）
設計者	曾振源		
教材來源	摘要：拾穗是米勒的代表作之一。在畫作中，可以看到地平線遠方有很多人在忙碌的工作，他們把收割的麥草堆的高高的，放在車上準備運走。前面有三名婦人彎腰在地上撿拾麥穗。第一個綁著藍色頭巾的婦人腰彎的很低，左手按著腰背後部，彷彿是一次又一次重複撿拾的動作，使她腰酸背痛。第二個婦人綁著紅頭巾，左手正把麥穗放進圍裙的口袋中，口袋裡似乎裝滿了麥穗，顯得有些沉重。第三個綁黃色頭巾的婦人，則半彎著腰，左手握著一束麥子，正掃視著麥田，尋找遺漏的麥穗。（蔣勳，2010），〈恆久的美〉，賴慶雄主編，《康軒版國民小學國語第十冊》，臺北：康軒。		
教學目標	1.專心聆聽「和想像一起跳舞」的內容。		

	2.分享有關米勒及其畫作的小故事		
	3.認識文體：本課為寫人和物為主的記敘文。		
	4.練習用詞語擴充，寫出完整的句子。		
	5.認識引語，並運用在短文寫作中。		
	6.能懂得欣賞文章中的美句，並學習創作敘事性美句。		
	7.能運用文章學過的字詞語句，寫出通順優美的句子。		

教學活動	時間分配	教學資源
～第一節課開始～ 教學準備：收集有關米勒及米勒作品導覽的相關書籍和報導。 一、引起動機 　（一）看圖表演：展示拾穗的畫作複製品，請學童模仿畫作中的三位婦人的動作。	5	
（二）腦力激盪：請學童說說她們三人在做什麼？如果背景換成其他地方（垃圾場、沙灘、玩具店），又代表什麼意義。	5 5 5	
（三）畫中人物自我陳述：請學童說說剛才擺出彎腰姿勢的感覺，以及當時的心情。	5 10	
二、發展活動 　（一）找出關鍵詞或句子： 　　1. 第一段寫出作者作什麼事情？看到什麼？ 　　2. 第二段作者想起關於誰的故事？ 　　3. 第三段在介紹誰的生平？第四、五段介紹什麼？	5	
（二）串成大意：指導學生自行加入關聯	10	

詞,將每段的關鍵詞語或句子串成語句通順的大意:作者坐火車時看到稻田的稻穗,想起路得拾穗的故事,因而介紹法國畫家米勒的生平背景,以及拾穗畫作的人物特色。	5	
這幅畫展現出農民的生活哲學,描繪出人物與土地的親密關係,讓美的感動恆久持續。	20	
〜第一節課結束〜 〜第二節課開始〜		
一、準備活動 　教師將學生發表的內容寫在黑板上。		
二、發展活動 　讀過本課課文後,教師針對課文的內容提出幾點相關的問題:		
＊作者為什麼看到飽滿的稻穗會想起路得拾穗的故事?		
＊為什麼大地主要讓路得自由的拾穗,而且提供水給她喝?		
＊為什麼其他畫家在畫美景時,米勒要刻畫農民的生活?	5	
＊為什麼拾穗畫作中的三名婦女,頭上要戴藍、紅黃三色頭巾?有什麼作用?	5	
＊說說你對拾穗這幅畫看法,並說明理由。		
三、綜合活動 　（一）詞語對對碰：配合習作第四大題,引導學生找出與 ▇▇ 意思相近的詞語。	5	
那一顆顆飽滿的稻穗即將帶給他們豐收的喜悅。	5	

（二）多義詞辨識：教師提出「沸騰」、「慷
　　　慨」，請學童查出詞典上的意義，
　　　尋找出符合原句用法的詞義，並運
　　　用這個解釋造另一個句子。

（三）引語應用：閱讀課文，找出引用的
　　　句子，並舉出現實生活中的事見應
　　　證引語的意思。

（四）教師針對本課的寫作技巧與學生
　　　的心得感想進行總結，並請學生以
　　　相同的題材進行創作。

〜第二節課結束〜

表 7-3-3　〈山豬學校，飛鼠大學〉美句教學活動設計

單元名稱	山豬學校，飛鼠大學	年級	五年級
學校	臺東縣臺東國小	時間	2 節課（80 分鐘）
設計者	曾振源		
教材來源	摘要：小時候，我常跟著父親在山上獵捕飛鼠和山豬，如果叫我說我與父親打獵的故事，三天兩夜都說不完。每到假日前一天，父親就會叫住我：「明天星期天，你跟我去巡視陷阱。」陷阱總在幽深的山裡，我們常常走了一大，還是到不了獵場，雜草叢生的路彷彿沒有終點，我常一邊走，一邊聽父親說話。 「山豬的攝影師現在正用長鏡頭的相機，把我們的長相做為山豬學校的教材，牠把我們編號，告訴學校裡的學生，誰是危險的獵人一號、獵人二號……有時牠會在遠遠的地方觀察我們，先熟悉我們身體的味道，等聞到我們父子的味道時，就遠遠的躲開。」 走在山林間，我們常仰著頭尋找樹上的飛鼠窩，找飛鼠窩全憑經驗，只要把自己想成是飛鼠，就能找到牠們。抓飛鼠很簡單，夜裡只要拿燈光一照，牠們就會待在原地，嚇得一動也不動，等你		

	來捕捉。但是，我們卻曾遇到一隻特別的飛鼠。牠不像其他飛鼠一樣會自投羅網，當父親拿出網袋套住樹洞，卻久久不見蹤跡。（亞榮隆‧撒可努，2010），〈山豬學校，飛鼠大學〉，賴慶雄主編，《康軒版國民小學國語第十冊》，臺北：康軒。
教學目標	1.專心聆聽聰明的山豬內容。 2.說出對課文內容的理解與想法 3.有條理的說出有關原住民文化和其他相關故事的內容。 4.認識文體：本課以寫人、事為主的記敘文。 5.練習運用不同的敘述技巧，寫出完整的句子。 6.能懂得欣賞文章中的美句，並學習創作敘事性美句。 7.能運用文章學過的字詞語句，寫出通順優美的句子。

教學活動	時間分配	教學資源
～第一節課開始～		
一、引起動機 　　觀看原住民委員會兒童網中，排灣族的動畫 　　故事「烏鴉兄弟」。	5	
二、發展活動 　（一）教師提問： 　　　1. 烏鴉教會兄弟們什麼？ 　　　2. 為什麼兄弟倆最後不接受「烏鴉 　　　　爺爺」？ 　　　3. 從這個故事裡，請猜一猜排灣族 　　　　對烏鴉的態度？	5 5 5	
（二）對照課文：請學生說出自己讀過 　　　　的原住民作家作品，或與原住民 　　　　生活有關的作品。	10	
（三）教師提問： 　　　1. 作者從小就跟父親作怎樣的活動？ 　　　2. 看到山豬、飛鼠，父親說了怎樣	10	

的話？ 　　　　3. 從父親身上，作者學到了什麼？ （四）教師請小朋友將每段的關鍵句串 　　　成大意：作者從小就常跟父親打 　　　獵。父親告訴他有山豬學校，也有 　　　飛鼠大學，並教他如何面對山林中 　　　的動物。作者從父親身上，學會怎 　　　樣用人性的方法對待大自然。 　　　　～第一節課結束～ 　　　　～第二節課開始～	20	
一、準備活動 　　教師將學生發表的內容寫在黑板上。 二、發展活動 　　讀過本課課文後，教師針對課文的內容提出 　　幾點相關的問題： 　　＊作者小時候，常跟父親一起作什麼？ 　　＊他們在峭壁上看到什麼？父親怎麼說 　　　這些山豬？ 　　＊對於作者提問「真的有山豬學校嗎？」父 　　　親怎麼回答？這段回答有什麼特色？ 　　＊在父親的口中，山豬學校的學生學些什麼？ 　　　假如沒有認真上學，會發生什麼事情？ 　　＊對於父親的「獵人哲學」，作者有怎樣 　　　的體驗？ 　　＊你認為有沒有「山豬學校」和「飛鼠大 　　　學」？為什麼？	10	
三、綜合活動 　　（一）分享作家作品： 　　　　1. 事先請學生透過網路、圖書館等 　　　　　資源，搜尋「我最喜歡的作家」。	5 5	

2. 整理作家、作品的相關資料，上臺報告。 3. 根據報告內容，完成作文。 （二）修辭練習：找出轉化的句子（在練摔角吧？可能要參加牠們的運動會）仿寫一句。 （三）教師針對本課的寫作技巧與學生的心得感想進行總結，並請學生以相同的題材進行創作。 ～第二節課結束～		

在 2006 年 5 月 7 日《聯合報》A15 版的〈誰的國文程度才低落？〉文中指出：學生寫出「我的弟弟長得欣欣向榮」、「當我回在家打開門時，我家的狗對我突飛猛進」的句子時，眾人一致認為學生國文程度低落，只有作者不予苟同。（鴻鴻，2006）其實記敘文的特徵為：生動傳神、觸動心絃；讓讀者讀過之後有身歷其境的感覺。倘若學童只會平鋪直述的描寫事、物，他人無法從閱讀學童的文章中獲得感動，了解學童寫作中所使用的技巧。所以教師看到「山經過一片雲」這樣「換位」有特色的句子時，千萬不要要求學童將句子改成「雲經過一片山」，因為學童本身已經發展出新的修辭技巧。

第四節　說理性美句的教學方向

說理的「說」是說明的意思，也被換詞成論說或議論。它雖然統括著文學以外的所有人文學科、社會學科和自然學科等需要說理的部分，但它一樣得具備高度的認知意義，才有被討論的價值。換句話說，說理是把思想或觀念予以精鍊或升級而後透過邏輯組織將它陳述；它（思想或觀念）在經過一番「細密鍛接」和「去蕪存菁」後，就可以有所判別於「凡俗之流」。（周慶華，2007：125）而說理可有概念的設定、命題

的建立和命題的演繹等一「整套」的論說程序或邏輯規模（周慶華，
2001a：207-214）：

概念設定
↓
命題建立
↓
命題演繹

圖 7-4-1　說理模式

相關的教學方向舉例如下：

表 7-4-1　〈作時間的主人〉美句教學活動設計

單元名稱	作時間的主人	年級	五年級
學校	臺東縣臺東國小	時間	2 節課（80 分鐘）
設計者	曾振源		
教材來源	摘要：如果一個人可以活一百歲，他一生擁有的日子，大約是三萬六千五百天，扣除睡眠、吃飯、刷牙、洗臉等，剩下的時間到底還有多少？算一算，竟然只剩下不到一半！而這些僅存的光陰，從我們呱呱墜地那一刻起，就開始悄悄的溜走，毫不止息。時間是多麼珍貴，卻又是多麼的無情，我們一定要妥善的運用，讓它發揮最大的價值。 企業家嚴長壽先生從事的第一份工作，是在一家公司當遞送文件的服務生。他每天都提早一個小時上班，將所有的資料、文件仔細分類，並安排好傳送的路線。這一個小時的事先計畫，使他每天都能迅速的且有效率的達成任務，而且還能空出時間作更多的事，不但對公司有更大的貢獻，也因此奠定了他日後成功的基礎。大文豪歐陽脩為了善用零碎的時間，有一個「三上」的祕訣，因為他工作很忙，僅能利用「馬上、廁上、枕上」這些短暫的時間，安靜、專心的思考、寫作，因此完成許多膾炙人口的佳作。		

	由於上面的例子，可知不論是古代或現代，人們若是懂得善用時間，事先做好計畫並確實執行，就容易達成自己的目標。（柯作青，2010），〈作時間的主人〉，賴慶雄主編，《康軒版國民小學國語第十冊》，臺北：康軒。		
教學目標	1.聆聽課文中，愛惜光陰的嘉言。 2.說出「一個愛惜光陰的實例」。 3.了解課文內容，明白妥善運用時間，生命才有價值。 4.認識文體：議論文。 5.練習運用不同的敘述技巧，寫出完整的句子。 6.能懂得欣賞文章中的美句，並學習創作說理性美句。 7.能運用文章學過的字詞語句，寫出通順優美的句子。		
教學活動		時間分配	教學資源
〜第一節課開始〜 一、引起動機 　以「讀秒比賽」作引導：由讀秒活動讓學生領悟時間快速溜過，引導進入作時間的主人課文內容。 二、發展活動 　（一）教師提問： 　　　1. 時間非常珍貴，該如何作才能發揮它最大的價值？ 　　　2. 嚴長壽為什麼受到肯定？ 　　　3. 歐陽脩怎樣利用時間？ 　　　4. 善用時間會有什麼收穫？ 　　　5. 把剛才回答的句子串起來，就是本課大意。 　（二）指導學生試說大意：時間就是生命，要妥善運用，像嚴長壽懂得事先計畫，靈活運用時間，歐陽脩利	5 10 5 10 10	

用「三上」的零碎時間來寫文章，日後都有成就，如果能夠妥善管理時間，生命會更充實，更有意義。 ～第一節課結束～ ～第二節課開始～ 一、準備活動 　教師將學生發表的內容寫在黑板上。 二、發展活動 　讀過本課課文後，教師針對課文的內容提出幾點相關的問題： 　＊ 為什麼說善用時間，能使生命更有價值？ 　＊ 為什麼說時間寶貴？ 　＊ 如何有效的利用時間？ 　＊ 課文中舉了那些善用時間的例子？ 　＊ 文中提到歐陽脩「三上」祕訣，目的是什麼？ 　＊怎樣才能作時間的主人？ 三、綜合活動 　（一）愛惜光陰的實例： 　　　1. 課前收集相關資料。 　　　2. 上臺報告一個愛惜光陰的實例。 　　　3. 聆聽同學的報告。 　（二）報告重點： 　　　1. 什麼人愛惜光陰。 　　　2. 為什麼愛惜光陰。 　　　3. 怎麼樣愛惜光陰。 　　　4. 愛惜光陰有什麼結果。 　（三）教師針對本課的寫作技巧與學生的心得感想進行總結，並請學生以相同的題材進行創作。 　　　～第二節課結束～	20 15 5	

表 7-4-2　〈果真如此嗎？〉美句教學活動設計

單元名稱	果真如此嗎	年級	五年級
學校	臺東縣臺東國小	時間	2 節課（80 分鐘）
設計者	曾振源		
教材來源	摘要：對於流傳千百年的傳統觀念，或者權威人士所提出的看法，我們常常會不假思索，信以為真。可是，沒有經過科學方法的驗證，這些道理真的可信嗎？ 伊索寓言裡有一個〈旅人與熊〉的故事，故事中敘述兩個朋友結伴旅行，途中遇到一隻大熊。其中一個立刻爬到樹上躲起來，另外一個眼看逃脫不了，就躺在地上裝死，因為他聽說熊是不吃死人的。實際上，遇到熊裝死真的有用嗎？根據動物學家的報告，遇到熊最好趕快逃跑，如果裝死，可能會白白喪失一條寶貴的性命。 早期的科學家面對浩瀚的星空，看著滿天繁星，覺得所有的星星都繞著地球旋轉，而地球就是宇宙的中心。後來，哥白尼用自己製作的日晷、三角儀來觀測星象，推翻了人類的這個錯覺。 天圓地方、腐草化螢、羔羊跪乳都是不正確的，人們也糊里糊塗的一錯就是千百年。 「懷疑的精神」和「實證的態度」是兩把科學的鑰匙，不但使我們不再盲目相信傳統觀念和權威人士的看法，更可以幫我們追根究底、破除迷思、探求真理，還原事實的真相。（賴慶雄主編，2010），〈果真如此嗎〉，賴慶雄主編，《康軒版國民小學國語第十冊》，臺北：康軒。
教學目標	1.認真聆聽同學的發表內容。 2.發表一則熟悉的故事或成語典故，指出其中不合理的地方，並說出正確觀念或方法。 3.了解課文內容中有關探求真相，追求事實的議論內容。 4.認識文體：議論文。 5.口述課文內容，要說出推翻錯誤認知，發現真相的議論內容。

6.能懂得欣賞文章中的美句，並學習創作說理性美句。

7.能運用文章學過的字詞語句，寫出通順優美的句子。

教學活動	時間分配	教學資源
～第一節課開始～		
一、引起動機教師準備下列幾樣的實物或圖片：辭典、公車指南、百科全書、鑰匙、地球儀。	10	
教師歸納：這些工具書或工具，都是要幫助我們得到更正確的資訊，不要盲從或隨意猜測。		
二、發展活動	15	
（一）教師提問：		
1. 本課分成幾段？		
2. 那些是表示作者看法（總論）的段落？		
3. 作者有怎樣的想法？		
4. 傳統觀念可信嗎？		
5. 事情如何才可信。		
6. 那些是「舉例」的段落？作者舉了那些錯誤的例子。	15	
（二）指導學生試說大意：傳統觀念與權威看法，必須懷疑；凡是經過科學驗證，才可相信。我們要有懷疑的精神和實證的態度，才能發現事實的真相。		
～第一節課結束～		
～第二節課開始～		
一、準備活動		
教師將學生發表的內容寫在黑板上。		
二、發展活動	20	
讀過本課課文後，教師針對課文的內容提出		

幾點相關的問題： ＊一般人對傳統、權威常有怎樣的看法？ ＊作者引用伊索預言的那個故事？真相是什麼？ ＊哥白尼怎樣證實自己的想法？ ＊古人錯誤認知的原因，課文提了那些？ ＊作者認為那兩把鑰匙可以幫我們追根究底？為什麼？ ＊凡是追根究底、追求真相的態度好不好？為什麼？	10	
三、綜合活動 （一）精讀課文並口述內容，要說出推翻錯誤認知，發現真相的議論內容：	5	
（二）師生共同討論，以課文為例，找出議論文的論點和論據。 （三）教師引導學童發現本課的驗證方法，例如： 　1.對比論證法。 　2.舉例論證法。 　3.歸納論證法。 　4.演繹論證法。	5	
（三）教師針對本課的寫作技巧與學生的心得感想進行總結，並請學生以相同的題材進行創作。 ～第二節課結束～		

　　構成議論文有三大成分：（一）論點：作者對問題所抱持的見解和主張，是一篇議論文的靈魂，必須儘量正確與鮮明深刻。（二）論據：用來證明論點的事實根據或理論依據。論據必須真實有代表性，才不會流於抽象空談。（三）論證：是應用論據來證明論點的方法，論點和論

據的關係不是間單的相加，而是透過論述把二者結合起來；結合的方法很多，有引用、舉例、比喻、對比等。透過說理性美句教學，期待原漢學童在說理性的文章中能呈現正確的「論點」、代表性的「論據」和清楚的「論證」。

第八章　結論

第一節　主要內容的回顧

　　聽、說、讀、寫是語文的各項能力，尤其寫作是終極目標。本研究的目的在於建構一套有效的原漢學童作文病句診斷的理論，致力對於教學現場有所助益，提升寫作教學的成效。鑒於過去寫作研究與原漢學童作文病句診斷理論所涉及的面向不夠廣泛，欠缺相關理論建構，無法形成一套有效的作文病句診斷理論來改善原漢學童作文病句的問題，因此特從作文病句、原漢學童作文病句、作文病句的類型、作文病句的產生時機、原漢學童作文病句的差異比較和原漢學童作文病句差異的成因來作探討，完成本研究。

　　寫作流程與病句出現時機的相關研究少（曾雅文，2003、高維貞，2006、李麗娜，2008、林怡伶，2007、許淑芬，2009、郭秀分，2001、胡倩華，2006），針對原漢學童作文病句進行比較的研究可以說是沒有。上述研究病句的文獻都以平地生的語料為主，幾乎沒有學者提及其他族群的作文病句問題與診斷途徑。本研究試著從原漢學童作文病句發生的「詞語運用不當」、「句子結構紊亂」、「語意表達含混」等等的錯誤類型了解原漢學童作文病句的差異。在原漢學童詞語運用不當的句子中，所犯的錯誤類型有的相似，如：（一）錯別字多；（二）用詞不適當。有的錯誤類型卻不相似，如：（一）口語句子；（二）錯別字：時候與時後的錯誤；（三）濫用成語。在原漢學童作文病句結構紊亂的差異類型有：（一）句型簡短且語序紊亂；（二）句型冗長且雜糅；（三）句型冗長且語序紊亂。在原漢學童作文病句語意含混的差異類型有：（一）句義費解；（二）概念運用不當。在原漢學童作文病句中，除了詞語運用不當以外，句子結構紊亂與語意表達含混兩項病句類型，平地學童作文病句產

生的比例都高於原住民學童。但句子中呈現「詞語運用不當與句子結構紊亂」、「詞語運用不當與語意表達含混」、「詞語運用不當、句子結構紊亂與語意表達含混」的比例，卻是相反。綜合以上所述，原漢學童作文病句確實存在差異。

　　為了了解原漢學童作文病句的差異，本研究試著從：母語的制約、熟悉度、運用的的頻率、教學現場的氛圍四個面向探討。研究國語受閩南語影響的專家學者不少；（張清鐘，1976 姚榮松；1986、羅肇錦；1991、朱我芯；1993、葉德明；1995），但針對原住民學童學習國語時受到本身母語影響的卻是少之又少。（田哲益，1995）！除此之外，漢語倘若不是原漢學童們的第一語言，在學習及運用的過程會比其他學童來得辛苦且容易出錯，因為，這不是學童日常熟悉的語言，而且學童在運用漢語的頻率也會比其他的學童來的低。每一位教學現場的教師都必須因應不同程度的學生，解決不同的困難。但從教學現場的氛圍與教師的教學活動設計中了解，許多教師無法提供良好的學習環境，對於寫作也如照本宣科般的進行教學，引起不了學童寫作的興趣，怪不得當學童的寫作產生問題時，他人就將矛頭指向老師的身上，並說：「都是老師沒教好！」

　　原漢學童的作文存在差異，而且原漢學童作文病句成因又極為廣泛。對於作文病句進行修改、補救，也只是暫時性的治療而已，想要真正改善病句還是必須先了解病句成因後，再實施補救的方法。對於原漢學童寫作而言，病句的產生是難以避免的。倘若只按照傳統的寫作教學方法：審題→寫作→批改→訂正，還是無法避免病句的產生。所以本研究就提出以美句教學（抒情性、敘事性、說理性）為積極手段的教學途徑。抒情是要把情感加以提煉而後透過比喻／象徵等藝術手法來傳達的；它（情感）在一番「萃取」和「包裝」後，就可以有所區別於「普泛之流」。大體上有「意象的安置」和「韻律的經營」為抒情的基本律，然後再將情感本身特別限定在「深情」或「奇情」屬次以及必要時以「反義語／矛盾語」和「形式變化」來強化藝術的張力：

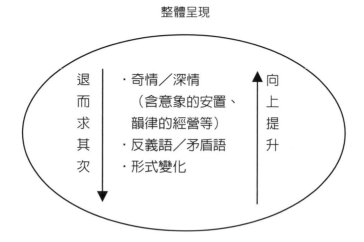

圖 8-1-1　抒情性文體架構圖（資料來源：周慶華，2009：120）

　　敘事是要將事件或故事加以有效的組織而後透過比喻／象徵等藝術手法來呈現；它（事件或故事）在經過一番「整合」和「修改」後，就可以有別於「庸常之流」。敘事大抵有敘述主體、敘述客體、敘述文體、敘述者、敘述話語、敘述接受者、敘述觀點、敘述方式和敘述結構等等為敘事的必備成分：

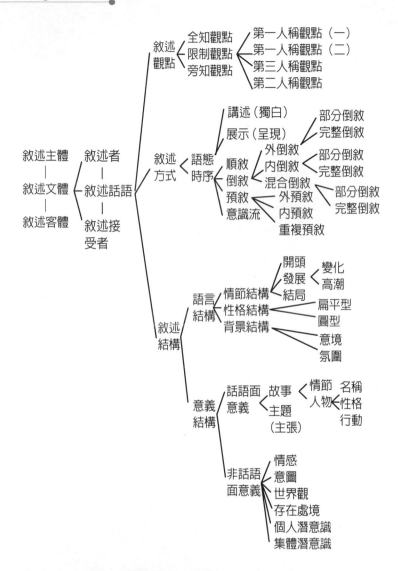

圖 8-1-2　敘事性文體架構圖（資料來源：周慶華，2007：122）

　　說理可以有概念的設定、命題的建立和命題的演繹等一「整套」的
論說程序或邏輯規模：

概念設定
↓
命題建立
↓
命題演繹

圖 8-1-3　說理性文體架構圖（資料來源：周慶華，2007：214）

　　說理性文章又必須以二項因素為前提：（一）前提高度可信；（二）
深具啟發性。我們可以為它構設兩個結論截然不同的推論形式：

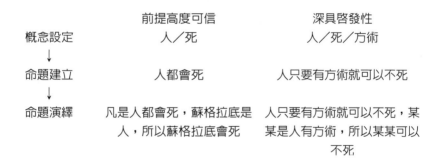

	前提高度可信	深具啟發性
概念設定	人／死	人／死／方術
↓		
命題建立	人都會死	人只要有方術就可以不死
↓		
命題演繹	凡是人都會死，蘇格拉底是人，所以蘇格拉底會死	人只要有方術就可以不死，某某是人有方術，所以某某可以不死

　　第二個推論的前提／結論的可信度顯然不高，但它卻能給人深刻的
啟發。透過「美句教學」的活動方式讓學童體驗聽、說、讀、寫的作文
樂趣，不僅可以避免作文病句的產生（至少也會減少寫出病句的機會），
還可以使文章的內容豐富、層次提高。

第二節　未來的展望

　　本研究透過概念設定、命題建立、命題演繹求新意的創造建構一套完整的學漢學童病句診斷理論以解決教學現場的困難。對於作文病句，多年來已有許多專家學者在著手進行探討，但大部分的研究還是停留在避免病句、修改病句的階段，實在無法解決作文病句的難題。對於原漢學童病句診斷並無前例，佐證資料十分少見，我透過各方面廣泛的收集原漢學童作文病句來探討原漢學童作文病句的成因，但作文病句形成的原因，面向廣泛，本研究中以一章探討還不夠細膩，倘若能夠深入探討其他影響寫作的成因可以使病句診斷理論更為完備。

　　我從原漢學童日常生活語言去了解原漢學童作文病句的問題，如：（表 6-1-1 布農語音分析表表）、（表 6-1-2 布農語音與國語注音符號對照表）、（表 6-1-3 布農族學童學習國語的語音替代表）、（表 6-1-4 平地學童日常生活語言調查表）倘若日後學者能將原漢學童生活語言中的構詞、語序（結構）列入探討範圍，將使原漢學童作文病句探討這一個領域更加完善。

　　本研究所建構的病句診斷理論提出了以美句教學（抒情性、敘事性、說理性）為積極的手段，利用童詩、記敘文和議論文來進行作文教學，期待能以更多樣的教學形式（戲劇、繪畫、相聲）增長學童的作文能力，讓學童的作文簿中充滿了生動有趣、條條有理和情感豐富的句子。作文的病句在任一階段的學生的學習中都會出現，但是不同階段的學生會有不同的病句類型產生，寫作相關研究所能涉及的範圍廣大，對象年齡層過於廣泛，我個人能力有限，總樣本數較少，無法全面實施。為求本研究所建構的理論可以有助於我教學成長，因此採九年一貫教育第二階段學生為研究對象，這是本研究的缺憾，但有志研究的夥伴可以依據本研究成果對其他階段加以探討，使作文病句探究這一塊領域更加完整。

參考文獻

王文科、王智弘（2005），《教育研究法》，臺北：五南，

王希杰（1995），〈漢語的規範化問題和語言的自我調節功能〉，《語言文字應用》3，12。

王偉忠（2007），《歡迎大家收看王偉忠的※#.》，臺北：天下。

王鼎鈞（2006），《作文七巧》，臺北：爾雅。

王萬清（1997），《國語科教學理論與實際》，臺北：師大。

內政部戶政司（2001），《全國戶籍統計資料》，網址：http：//www.ris.gov.tw，點閱日期：2010.05.30

白中琤（1995），〈由雙語教學理論看母語教學之展望〉，《中山人文社會科學期刊》，6，247–258。

田哲益（1995），《臺灣古代布農族的社會與文化上冊》，南投：南投縣立文化中心。

弁中原（1996），《原住民教育改革研究報告書》，臺北：行政院教改會。

艾偉（1965），《國語問題》，臺北：中華。

朱光潛（1982），《談文學》，臺北：漢京。

朱光潛（2001），《名家談寫作》，臺北：牧村。

朱我芯（1993）〈「給」字在現代國語中受閩南語的影響〉，《僑光學報》，20，201–211。

何容（1950），《簡明國語文法》，臺北：正中。

何春蕤（1990），〈口述與書寫———一個理論的再思〉，《中外文學》，19（2），73–106。

呂叔湘主編（1999），《現代漢語八百詞》，北京：商務。

呂叔湘（2000），《語文常談》，香港：三聯。

呂叔湘、朱德熙（2002），《語法修辭講話》，瀋陽：遼寧教育。

呂珮榮、寧益民、袁浩文（1995），《作文疑難 100 問》，臺北：人類。

杜淑貞（1986），《國小作文教學探索》，臺北：學生。

杜淑貞（1987），《小學生寫作知識的理論與實踐》，高雄：復文。

杜淑貞（1998），《小學生文學原理與技巧》，高雄：復文。

杜淑貞（2001），《小學作文教學探究》，臺北：文津。

李白芬（1995），《國小學童認知風格及其錯字錯誤類型之關係研究》，國立
　　嘉義師範學院初等教育研究所碩士論文，未出版，嘉義。

李秀蘭（2000），〈阿美族母語教學經驗談：臺北縣安康中學鄉土母語教學課
　　程設計初探〉，《原住民教育季刊》，19，94–166。

李茂源（2002），《國民中小學教師參與讀書會對其專業成長影響之研究》，
　　私立東海大學教育研究所碩士論文，未出版，臺中。

李皇穎（2006），〈語言融合的現象與教學——以青少年特殊語言為範圍〉，《國
　　文天地》，22（3），8。

李麗娜（2008），《解除寫作的夢魘——小學生作文病句的診斷與補救途徑》，
　　臺北：秀威。

吳立崗（1992），《小學作文教學論》，南寧：廣西教育。

吳英成（1991），〈漢字偏誤與學習策略的關係〉，《華文世界》，59，29–34。

吳燈山（1997a），《作文小診所——造句常見的毛病》，臺北：光復。

吳燈山（1997b），《作文小診所——修辭常見的毛病》，臺北：光復。

吳燈山（1997c），《作文小診所——用詞常見的毛病》，臺北：光復。

吳燈山（1997d），《作文小診所——內容常見的毛病》，臺北：光復。

吳燈山（1997e），《作文小診所——組織布局的毛病》，臺北：光復。

孟樊（1998），《當代臺灣新詩理論》，臺北：揚智。

孟建安（2000），《漢語病句修辭》，北京：中國文聯。

汪瓊嬌（2002），《臺中市國民小學學校本位教師在職進修之研究》，國立暨
　　南國際大學教育政策與行政研究所碩士論文，未出版，南投。

林怡伶（2008），《國小低年級學童病句分析》，國立臺東大學語文教育學系
　　碩士班碩士論文，未出版，臺東。

林誠、林學誠（2005），《作文、語文能力寫作高分要訣》，臺北：華逵文教
　　科技。

林慶昭（2005），《作文拿高分》，臺北：出色。

周惠貞、戴興海（1995），《正確修改病句》，臺北：人類。

周慶華（1999），《思維與寫作》，臺北：五南。

周慶華（2001），《作文指導》，臺北：五南。

周慶華（2002），《故事學》，臺北：五南。

周慶華（2003），《閱讀社會學》，臺北：揚智。

周慶華（2004），《語文研究法》，臺北：洪葉。

周慶華（2007），《語文教學方法》，臺北：里仁。

周慶華（2009），《文學詮釋學》，臺北：里仁。

柯品文（2005），《創意作文寫作魔法書——兒童進階應用》，臺北：聯合文學。

胡倩華（2006），《偏誤分析與國中作文教學個案研究》，國立中山大學中國文學系碩士在職專班碩士論文，未出版，高雄。

姚榮松（1986），〈閩南話「有」的特殊用法——國語與閩語比較研究之一〉，《國文學報》，6，286–298。

姚儀敏（2005），《中學生寫好作文的八堂課》，臺北：稻田。

徐素玫（2000），《讓作文 High 起來》，臺北：威鑫。

唐郁文、施匯章、莫銀火（1993），《文章句子的閱讀》，北京：語文。

高利霞（2004），《病句辨析與標點符號》，北京：中華。

高葆泰（1981），《語法修辭六講》，銀川：寧夏人民。

高詩佳、侯紀萍（2007），《小學生寫作文五十二變——挑戰 52 種作文寫法》，臺北：書泉。

高維貞（2006），《國小中年級學生造句練習及寫作病句之分析——以臺中縣太平市國小為例》，國立臺中教育大學語文教育學系碩士班碩士論文，未出版，臺中。

桂詩春（1995），《應用語言學》，長沙：湖南教育。

孫碧霞（2005），《國小高年級學童國語習作語法錯誤類型研究》，國立臺中師範學院語文教育學系碩士班碩士論文，未出版，臺中。

孫麗翎（1988），《國小兒童作文常犯錯誤分析研究》，國立政治大學教育研究所碩士論文，未出版，臺北。

陳一（2002），《現代漢語語誤》，哈爾濱：黑龍江人民。

陳光明（2006），〈國語教科書中的病句類型〉。慈濟大學主辦，「語文教學學術研討會」論文，花蓮。

陳弘昌（1999），《國小語文科教學研究》，臺北：五南。

陳宜貞（2003），《創造思考教學法應用於國小六年級作文課程的教學研究》，國立臺中師範學院國民教育研究所論文，未出版，臺中。

陳枝烈（2000），〈對原住民教學的體認〉，《原住民文化與教育通訊》，10，2-3。

陳舜芬、丁志仁、洪麗瑜（1996），〈師資培育與教師進修制度的檢討〉，《教師研究所集刊》，37，39–100。

陳望道（2006），《修辭學發凡》，上海：上海教育。

陳淑麗（2004），《轉介前介入對原住民閱讀障礙診斷區辨效度之研究》，國立師範大學特殊教育研究所博士論文，未出版，臺北。

陳麗華（1999），〈臺北市阿美族學童族群認同發展之研究〉，《國家科學委員會研究彙刊》，9（3），423–447。

陸士楠（1993），《小學生作文病句修改 1000 例》，北京：中央民族學院。

莊文中（1999），《中學語言教學研究》，廣州：廣東教育。

教育部（1993），《國民小學課程標準》，臺北：教育部。

教育部（1997），《中華民國原住民教育報告書》，臺北：教育部。

教育部（1999），《教育基本法》，網址：http://www.fgps.tcc.edu.tw/dean_1.htm，點閱日期：2010.6.10。

教育部（2003），《國民中小學九年一貫課程綱要語文學習領域》，臺北：教育部。

教育部（2003），《鄉土教學大綱與理念》，網址：http://www.edu.tw/，點閱日期：2010.6.20。

國語日報出版中心（2000），《新編國語日報辭典》，臺北：國語日報社。

許淑芬（2010），《作文病句探究：以小四到小六學生寫作現象為例》，臺北：秀威。

郭秀分（2002），《高屏地區國小三年級學童受閩南語影響之研究》，國立屏東師範學院國民教育研究所碩士論文，未出版，屏東。

張春榮（1993），《一把文學的梯子》，臺北：爾雅。

張玲霞（2006），《國語文別瞎搞》，臺北：新手父母。

張清鍾（1976），〈學生常用的閩南式國語之分析〉，《教師之友》，5，6–7。

張新仁（1992），《寫作教學研究》，高雄：復文。

張新仁（1999），〈著重過程的寫作教學策略〉，《北縣國教輔導》，8，9–14。

黃沛榮（1991），《中國文字的未來》，《交流》，試刊號，21–30。

黃宏建（2002），《臺中縣國中教師工作壓力之研究》，國立彰化師範大學教育研究所碩士論文，未出版，彰化。

黃宣範（1991），〈普查四合院──臺灣語言社會學的一些觀察〉，《國文天地》，11，16–23。

黃宣範（1993），《語言、社會與族群意識》，臺北：文鶴。

黃協兒（1995），《作文廣場：教與學》，臺北：文豪。

黃慶萱（2001），《修辭學》，臺北：三民。

湯廷池（1979a），《國語語法研究論集》，臺北：學生。

湯廷池（1979b），《國語變形語法研究.第一集，移位變形》，臺北：學生。

湯廷池（1981），《語言學與語文教學》，臺北：學生。

湯廷池（1981），〈語言學與語文教學〉，《一個外行人對小學國語教學的看法》，43–71，臺北：學生。

湯廷池（1997），《「母語教育」的理論與實際》，《華文世界》，86，51–61。

湯廷池（1988），《漢語詞語句法論集》，臺北：學生。

程美珍主編（1997），《漢語病句辨析九百例》，北京：華語教學。

程祥徽、田小琳（1992），《現代漢語》，臺北：書林。

曾世杰（1999），〈從認知心理學看思維與寫作的教學〉，《思維與寫作課程研討會論文集》，33 77，臺東：國立臺東師範學院語教系。

曾春（2002），《一級棒作文祕笈》，臺北：驛站。

曾振源（2009），〈國小原漢學童作文病句的差異現象分析及其補救〉，周慶華主編，《語文與語文教育的展望》，臺北：秀威。

曾雅文（2004），《國中學生作文病句研究》，國立高雄師範大學國文教學研究所碩士論文，未出版，高雄。

葉德明（1995），〈社會變遷下的臺北國語與對外華語教學應運之道〉，《教學科技與媒體》，19，3–11。

董季棠（1992），《修辭析論》，臺北：文史哲。

趙文惠（2004），〈病句的分類與辨析〉，《語文世界（高中版）》，3，39–40。

趙元任著、丁邦新譯（1994），《中國話的文法》，臺北：學生。

趙金銘（2006），《漢語可以這樣教——語言技能篇》，北京：商務。

趙寄石（1991），〈試論口頭語言向書面語言的轉換〉，蔡葉偉主編，《中國大陸幼教研究彙編 1980-1990》，267-272，臺北：國花。

廖茂村（2005），《增進學生造句能力的有效教學策略》，國立高雄師大學校行政研究所碩士論文，未出版，高雄。

賓靜蓀（2007），〈寫作，開啟思考力大門〉，《天下雜誌》第 2007.09.05 期，「教出寫作力」專刊。

劉月華、潘文娛、故韡（2001），《實用現代漢語語法》，北京：商務。

劉永濟（1967），《文學論》，臺北：商務。

滕星（1992），《中國少數民族雙語現象與雙語教學》，《中國邊政》，118，1–10。

蔡榮昌（1998），〈談國小作文教學之題材〉，《國小作文教學與文化互動學術研討會論文集》，205-216，花蓮：國立花蓮師院。

諸承明（1990），《縱橫辯論》，臺北：桂冠。

歐用生（1996），《教師專業成長》。臺北：師大書苑。

鄭素雯、王先炯（1994），《如何遣詞造句》，臺北：人類。

鄭鈴玲（2005），《以繪本引導國小兒童寫作修辭技巧之行動研究》，國立臺東大學教育研究所碩士論文，未出版，臺東。

鄭博真（1993），《小學生作文寶典（1）技巧篇》，臺北：小叮噹。

賴慶雄（1989），《認識字詞語。》，臺北：國語日報社。

錢清泓（1996），《在熟悉與陌生之間的一堂課》，國立臺北師範學院國民教育研究所碩士論文，未出版，臺北。

鍾吉雄（1994），〈母語教學的省思〉，《國教天地》，107，15–20。

謝錫金主編（1995），《閱讀與寫作——理論與實踐》，香港：青田教育中心。

鴻鴻（2006），〈誰的國文程度低落？〉，《聯合報》A15 版。

羅秋昭（2002），《國小語文科教材教法》，臺北：五南。

羅葆善（2003），《提升兒童語文能力的方法》，《國教世紀》，28（5），32–5。

羅肇錦（1991），〈鬧熱滾滾——大眾傳播語的分合〉，《國文天地》，11，12–15。

譚曉雲、趙曉紅（2005），〈漢語病句的辨別與修改策略〉，《雲南師範大學學報（對外漢語教學與研究版）》，3，5，70–72。

蘇淑婷（2004），《國小學童錯別字研究》，國立屏東師範學院國民教育研究所碩士論文，未出版，屏東。

饒見維（1996），《教師專業發展——理論與實務》，臺北：五南。

TVBS 報導（2007.07.12），〈錯字連篇　亂用成語　學生寫作能力　憂！〉，網址：http：//www.tvbs.com.tw/NEWS/NEWS_LIST.asp?no=alisa200407 12180204 ，點閱日期：2010.05.20。

Applebee, A. N. （1979）. , *Trends in written composition* , Paper presented at the Midwest School Improvement Forum, Milwaukee.

Beattie.J. （1964）, Other Cultures： *Aims, Methods and Achievements in SocialAnthropology*： , New York：Free press.

Britton, j. （1987）. , The composing process and the functions of writing. , In C. R. Cooper, & L Odell（Eds.）, Rsearch on composing： *Points of depature.* Urbana ,Ill.： National Council of Teachers of English.

Dicker,S.J. （1996）, *Language in America. A pluralist view* , Clevedon：MultilingualMatters.

Draper, V. （1979）. , Formative writing：*Writing to assist learning in all subject area （Curriculum Pubication No. 3 ）*, Berkeley： Bay Area Writing Project, University of California.

Elbow, P. （1973）, *Writing without teachers* , New York： Oxford University Press.

Flower, L., & Hayes, J. R. （1981a）. A cognitive process of writing , *College Composition and Communication*, 32, 365-387.

Flower, L., & Hayes, J. R. （1981b）, The pregnant pause： An inquiry into the nature of planning , *Research in the Teaching of English* , 15. 229-244.

Flower, L.,& Hayes, J. R. （1983）, Uncovering cognitive processes in writing： An introduction to protocol analysis , In P. Mosenthal, L. Tamor, & S. A.Walmsle（Eds.）, Research on writer , *Principles and methods.* , NewYork.：Longman

Hamers,J.F. & Blanc,M.H. （1989）, *Bilinguality and Bilingualism* , Cambridge：Cambridge University press.

Hay, J. R. & Flower, L. S.（1980a），*Identifying the organization of writing process*，In L. W. Gregg & E.

Linton,R.（1945），*The Cultural Background of Personality*，New York：Appleton-Century.

Legum & Krashen（2004），*The Power of Reading*，Baker & Tayl.

Malouf,D.（1985），*The only speaker of his tongue*，In Antipodes： stories. Sydney：Ramdom House.

McLeod（2007），*Writing Program Administration*，Baker & Tayl

Noble Books.in J.A.Banks（1983），*Multiethnic EducationTheory and Pratice*，Boston：Allyn and Bacon.

Rohman,D.G.（1965），Prewriting, the stage of discovery in thewriting process. *College Composition and Communication* ,16,106-112.

Tylor,E.B.（1873）.Primitive Culture ： *Researches into the Development of Mythology*，Philosophy, Religion, Language, Art and Custom. Lodon： John Murry.Segall,M.H.,Berry,

附錄

一、樣本篇數及題目統計表

年級	題目	代號	篇數
六年十一班	暑假生活記趣	A	33
六年十一班	我從他人身上學到的事	B	33
六年十一班	學校生活點滴	C	33
六年十一班	第一次	D	33
五年甲班	美麗的公園	E	7
五年甲班	城鄉交流之旅	F	7
五年甲班	小草的自述	G	7
五年甲班	愛的真諦	H	7
五年甲班	我在汶水國小的日子	L	1
六年甲班	我的嗜好	I	14
六年甲班	高雄之旅	J	14
六年甲班	旅遊記事	K	14
六年甲班	運動會	M	1
六年甲班	第一次月考	N	1
六年甲班	火災真可怕	O	1
六年甲班	我的家人	Q	1
總計			207

二、樣本病句分析語料

（一）原住民學童病句語料

學生代號 班級──座號	病句
1-01	* 有天我在親水公園玩一天的天氣晴空萬里真是一個很好的天氣。（E，P-1-01-01） * 今天真是在這藍天白雲的好天氣，我又躺在綠油油的草地。（E，P-1-01-02） * 一邊躺著耳邊聽著小鳥的叫聲真是好聽的歌聲。（E，P-1-01-03） * 我還看著湖泊真是美麗心情覺得很舒暢。（E，P-1-01-04） * 公園裡的一角有著像一面鏡子的湖泊，有面有著紅白相間的自由自在的小魚真可愛。（E，P-1-01-05） * 去年我在汶水國小讀書，我覺得那所學校很好，因為那裡有很多我們沒學過的東西，可是有些東西是我們學過的。（L，P-1-01-01） * 而且我在汶水國小的時後汶水國小有櫻花真美。（L，P-1-01-02） * 等到我有困難的時後他們都會和我一起討論；有東西的時後我們會一起分享，所以我和朋友的感情，就像小花小草一樣。（L，P-1-01-03） * 去年我們會離開汶水國小的原因是，因為家庭的關係，因為家裡有一點問題，所以我們，搬回來臺東外公、外婆家住。（L，P-1-01-04） * 他說你吃蘋果還是牛肉？（L，P-1-01-05） * 當我手受傷的時候，他們會幫我提餐盤，我希望大家如果身體病了，我也會熱心幫助他們。（L，P-1-01-06） * 今天早上我早餐。（L，P-1-01-07） * 這所學校很好的特點在，熱心幫助別人，也很相親相愛，所以我覺得這所學校很好。（L，P-1-01-08）

	* 有一天一隻蛇繞在我旁邊，我真害怕，當時那隻蛇繞在我旁邊時，心理覺得很緊張。（G，P-1-01-01） * 有一天當颱風來襲時，小草還是永不退縮的往前走。（G，P-1-01-02） * 小草覺得開心、高興，因為他自己覺得一直被服務，感覺到被媽媽服務一樣。（G，P-1-01-03）
1-02	* 今天是一個晴空萬里的日子，我帶著朋友到一個公園玩。（E，P-1-02-01） * 到了公園，只見眼前一片綠油油的草地，還有綠意盎然與古木參天的大樹，感覺生氣脖脖。（E，P-1-02-02） * 公園的一角，有一個像鏡子水池，裡頭還有紅白相間的理魚，讓我彷彿自己就是其中一隻理魚。（E，P-1-02-03） * 原住民文化園區位於屏東的瑪家鄉，那邊原住民部份都是排灣族、魯凱族。（F，P-1-02-01） * 太陽一露臉，我們就起床，經過一夜的休息，讓我們的精神飽滿。（F，P-1-02-02） * 到了科公館，讓我們學到許多科學原理。（F，P-1-02-03） * 第三天我們來到東南亞最大的海生館，我們看了許多海洋生物。（F，P-1-02-04） * 我們應該要保護生能，水的生能不能被破壞。（F，P-1-02-05） * 我覺得這次的活動安排的很棒，因為在這幾天裡我知道了原來企俄是長這樣，跟我在電視上看到的不一樣，還有早上就看到了許多阿公、婆婆，就在公園裡做操。（F，P-1-02-06） * 在這裡我都過的很開心，因為出太陽時，我能享受美的日光浴。（G，P-1-02-01） * 我希望永遠都可以那麼沒好。（G，P-1-02-02） * 但不能實現，因為有一天，只見天上烏雲密布，還一閃一閃的閃電，我看了都驚心膽跳呢！（G，P-1-02-03） * 時間一分一秒過了，我慢慢的睜開了眼睛，晴空萬里，萬里無

	云的景像在我眼前。（G，P-1-02-04）
	＊ 我們啊，不要太小看自己，還有我們要堅持到底，永不退縮。（G，P-1-02-05）
	＊ 收音機，輕輕轉來一首歌。（H，P-1-02-01）
	＊ 例如：有一位男生愛一位女生，可惜愛不到，於是男生就把她殺了，這個男生不是真的愛。（H，P-1-02-02）
	＊ 有一位爺爺為了孫子，而犧牲自己的腳，這樣我看了眼淚妻然落下，愛是這麼偉大。（H，P-1-02-01）
1-03	＊ 我跟著一群好朋友去公園散步，只見，眼前一片湛藍的天空，有著浮雲朵朵，心情感覺得舒暢。（E，P-1-03-01）
	＊ 公園裡微風徐徐拂過我的臉龐，就像媽媽溫柔的手拂摸過我的臉龐，這麼的舒服。（E，P-1-03-02）
	＊ 走過這座公園裡，讓我把不於快的事拋到九肖雲外呢。（E，P-1-03-03）
	＊ 小朋友全都在溜滑梯玩耍。（E，P-1-03-04）
	＊ 出發前的那幾天，我一直祈禱，希望不要下雨。那天到了。（F，P-1-03-01）
	＊ 所以大家都興高彩烈的搭上遊覽車，前往我們的目的地。（F，P-1-03-02）
	＊ 首先到了原住民文化園區。我們坐了一部小車子到許多地方玩。（F，P-1-03-03）
	＊ 第二天到了，我們去科工館餐郭，玩了好多好多科學原理的遊戲和看 3D 電影。（F，P-1-03-04）
	＊ 他們用熱情的舞龍舞獅歡迎我們。（F，P-1-03-05）
	＊ 我看到了好多海生生物，例如：海星、水母……等好多好多。（F，P-1-03-06）
	＊ 這次的旅城，雖然很短暫，但是我們還是玩得很開心呢。真是謝謝老師給我們這樣子的活動。（F，P-1-03-07）
	＊ 有一座美麗的公園裡，有著一顆巨大的榕樹。（G，P-1-03-01）

	* 雖然，榕樹瞧不起我，我一定有比榕樹厲害的地方。（G，P-1-03-02）
	* 有一天，天氣變壞了，強風呼呼吹來，小草彎著背，堅信以前所說的。（G，P-1-03-03）
	* 對不起，請你原諒我，我下次再也不要瞧不起人了。之後小草也原諒了榕樹。小草和榕樹就變成好朋友了。（G，P-1-03-02）
1-04	* 今天是藍天白雲的好天氣，爸爸帶我去公園。一到公園鳥語花香飄了過來，只見眼前出現綠油油的草地。（E，P-1-04-01）
	* 來了這座公園，所有的壓力、煩惱全都拋到九霄雲外啦。（E，P-1-04-02）
	* 天氣好心情也變好了，期待已久的城鄉交流之旅終於到了，也希望這次的交流活動能讓我們學到更多的東西，更多的知識。（F，P-1-04-01）
	* 點火之後會發出很大的聲響好嚇人。（F，P-1-04-02）
	* 他們以熱烈的、大方的表演展現了阿美族的特色，真是臺上十分鐘，臺下十年功。（F，P-1-04-03）
	* 等到菜都上桌，大家一番狼吞虎嚥般的橫掃，只見盤底已空。（F，P-1-04-04）
	* 相信已經玩累了的大家應該會有一個很美好的夢鄉。（F，P-1-04-05）
	* 我看到了好多海生生物，例如：海星、水母……等好多好多。（F，P-1-04-06）
	* 隔天一大早起床就用完豐盛早餐後，就前往國立科學工藝博物館。（F，P-1-04-07）
	* 他們熱烈的歡迎我們，鼓隊也表演給他們看。雖然鼓隊也沒幾天，可是他們還是努力的表演。（F，P-1-04-08）
	* 走進去之後看見魚自由自在的游來游去的魚，自己也像條小魚自由字在、無憂無慮的。（F，P-1-04-09）

	* 微風知道了，常常來根小草說不要難過要加油喔。（G，P-1-04-01） * 一天早上，雷雨不停的下，大樹心想這回小草完了吧。（G，P-1-04-02） * 很多人都以為只是小小的人物，卻能立大功只是意外。（H，P-1-04-01） * 愛不虛要金錢，愛不虛要勢力大的人，只要一顆真誠且於熱心的心。（H，P-1-04-02）
1-05	* 微風徐徐，就像在享受森林浴一樣的舒服。（E，P-1-05-01） * 池塘裡有著紅白相間的鯉魚，感覺我就像魚一樣和牠們一起在水中自由自在的遊玩。（E，P-1-05-02） * 在這做美麗的公園裡，這種感覺，早已讓我把煩惱拋到九霄雲外去了。（E，P-1-05-03） * 我興奮、緊張的搭上遊覽車，仔細聽著老師介紹這三天的行程。（F，P-1-05-01） * 國立科學工藝博物館介紹：我們現代的一些東西。（F，P-1-05-02） * 海洋生物博物館介紹，海水的生物，也讓我們觸摸海星……生物的觸感。（F，P-1-05-03） * 我是一株小草，生長在無拘無束的大草園裡。（G，P-1-05-01） * 妹妹你越長大越漂亮呢。（G，P-1-05-02） * 叔叔向我道聲謝謝後就跳阿跳走了。（G，P-1-05-03） * 風一直吹來讓我覺好冷。（G，P-1-05-04）
1-06	* 秋高氣爽天氣適合郊遊，我帶著朋友騎著腳踏車迎著風到一個公園去散心。（E，P-1-06-01） * 公園的水池水潔淨的像鏡子一樣，魚兒在水裡自由自在無憂無綠的生活，我希望我可以像魚一樣。（E，P-1-06-02） * 看了精採的無蹈後表演後，就繼續前往國軍英雄官，享用美味可口的晚餐。（F，P-1-06-01）

	* 隔天太陽一露出笑臉，大家急著起來，趕快把美味的漢堡吃下肚。接下來就前往科工館，看到好多婆婆媽媽們在作操，真悠閒。（F，P-1-06-02）
	* 我們體驗各種活動，感覺好像自己變成電影某一個角色。（F，P-1-06-03）
	* 還教我們玩飛盤遊戲體會到當一個國手很困難，需要磨練。（F，P-1-06-04）
	* 走進海底隧道彷彿自己化身為一條小魚在大海裡自由自在的生活，和其牠魚類在玩耍。。（F，P-1-06-05）
	* 因為夏天我長的比較快所以長很高的時候就要被砍了，所以我很害怕被砍了，所以我希望夏天快一點走。（G，P-1-06-01）
	* 秋天時，我和伙伴都穿著黃衣賞。（GP-1-06-02）
	* 到了冬天是我拖胎換骨的大好日子，因為我要掉葉了。（G，P-1-06-03）
	* 為什麼消防隊能跑進火場裡救人，難道他們不怕嗎？因為他們心中有愛，愛給了他們無限的力量，所以消防隊才可以幫助許多人。（H，P-1-06-01）
1-07	* 週末的時候，天氣晴空萬里、秋高氣爽，我跟一群同學去公園，散步聊天，心情覺得很開郎。（E，P-1-07-01）
	* 我到公園看到了，綠油油、古木參天的草地，風吹著臉龐就像媽媽溫柔著摸我的臉龐，壓力就像是一掃而空沒了。（E，P-1-07-02）
	* 我又看到了，水池裡的水就像是一面鏡子，看小魚很漂亮。（E，P-1-07-03）
	* 一大早好多人在跳舞，原來這就是都市的早晨。（F，P-1-07-01）
	* 進入科工館裡面，看到很多有關大自然、科學、食物等等的，真得讓我了解很多。（F，P-1-07-02）
	* 他們表演了舞龍舞獅、直笛歡迎我們，我們以森巴鼓回報他們。（F，P-1-07-03）

	* 這一趟城鄉交流之旅，覺得自己像是見多識廣的人，這一趟交流真是好好玩又好開心喔。（F，P-1-07-04） * 我是一株小草，和一群小草們還有一些些大、小樹住在公園裡和一群小朋友玩。（G，P-1-07-01） * 有一次有一群高中生，經過這的時後，就亂丟檳榔、香菸和一大堆有的沒有的東西。（G，P-1-07-02） * 從那時有的小朋友就沒有在來這個公園。（G，P-1-07-03） * 有一次有個高中生拿著袋子我就以為那些人又找別的高中生來這做不好的事情，那位高中生就蹲下來撿有的沒有的東西。（G，P-1-07-04） * 我雖然是一株小草，但是我對地球沒有傷害，卻對地球的環境很好，啊如果地球沒有植物的話地球可能人類也會沒有。所以一株小草也不能太小看他（G，P-1-07-05） * 爸爸的力量很大。（G，P-1-07-06） * 當我在路上走路時，聽到教堂傳來一首歌唱著愛是恆久忍耐。（H，P-1-07-01） * 當我聽到這首歌時，我就知道愛不只愛情還有很多的愛。（H，P-1-07-02） * 例如：消防隊有愛才會去救人、警察有愛才會去抓壞人讓我們不被壞人抓走還有很多等等的。（H，P-1-07-03）
2-01	* 但我的嗜好，可能我的嗜好跟你們不一樣。（I，P-2-01-01） * 當朋友傷心時，我也會唱幾段流行歌曲，來安尉他。（I，P-2-01-02） * 在教會我苦練、苦練，終於我會了。（I，P-2-01-03） * 可以讓我陶醉在音樂美妙的世界裡。（I，P-2-01-04） * 教室的小朋友，沒有一個小朋友不會不喜歡下課。（I，P-2-01-05） * 那裡讓我印像最深刻的事，是那些大哥哥、大姊姊的歌舞表演。（J，P-2-01-01）

	* 看了令人忍不住，衝下去跟他們一起唱歌、跳舞。（J，P-2-01-02）
	* 哪裡都是科學和藝術和在一起的作品。（J，P-2-01-03）
	* 因為他們演奏直笛的音樂，令人感覺很幽雅、高貴又溫和、柔順的感覺。（J，P-2-01-04）
	* 看完了很多種魚後，吃完午餐後，因為很熱，我問老師可不可以玩水。（J，P-2-01-05）
	* 我們馬上，脫下鞋子後，我馬上就去泡腳了。（J，P-2-01-06）
	* 到了臺北，風好強，把我的衣服吹來吹去好舒服喔。（K，P-2-01-01）
	* 放完行李，老師帶我們去淡水夜市。（K，P-2-01-02）
	* 買完了很多東西，我們在淡水旁欣賞好大好大的夕陽。（K，P-2-01-03）
	* 不管我們講話再怎麼大聲，老師就是不會被吵起來。（K，P-2-01-04）
2-02	* 我也是喜歡打棒球有一次在打棒球的時候我才輕輕打就有一個安打了。（I，P-2-02-01）
	* 打球會讓我有激烈的感覺，所以我覺得打球是我的嗜好。（I，P-2-02-02）
	* 夏天熱死了，吃冰感覺很好。（I，P-2-02-03）
	* 星期三我們三、四、五、六年級的在學校集合。（J，P-2-02-01）
	* 到了屏東我們就去原住民文化區。（J，P-2-02-02）
	* 我們在看表演時第一聲竹炮讓我們下面的觀眾嚇到。（J，P-2-02-03）
	* 那裡的最頂樓，那裡超好玩的。（J，P-2-02-04）
	* 我還有玩騎馬的根本就不行第一名。（J，P-2-02-05）
	* 第三天我們到屏東那裡的海生館去玩我們有去看企鵝。（J，P-2-02-06）
	* 然後第二天我們去大舅舅的家。（K，P-2-02-01）

	* 舅舅帶我們去一個地方玩那裡超好玩。（K，P-2-02-02） * 如果明天颱風有來了，我就不用到學校上課。（K，P-2-02--03）
2-03	* 媽媽有時後會叫我「古典小妹」，因為我學的樂器都很古典。（I，P-2-03-01） * 如果我生氣時，就會打開電視讓心情好一點。（I，P-2-03-02） * 因為如果我在看「閃亮的日子」，就好像回到七、八零年代。（I，P-2-03-03） * 每一個人都要有嗜好，這樣才不會無聊。（I，P-2-03-04） * 媽媽煮的菜很好吃，我喜歡吃蘿蔔牛肉雞塊。（I，P-2-03-05） * 這個活動目的是，要讓我們知道鄉下和都市哪裡不同，也讓我們知道臺灣有很多地方可以去探險。（J，P-2-03-01） * 一進到裡面就感覺原住民的熱情。（J，P-2-03-02） * 我還聽到阿美族的竹炮聲，彷彿回到以前人住的地方。（J，P-2-03-03） * 我們有上飛盤課。（J，P-2-03-04） * 這次我想到暑假來個熱鬧的就是去「墾丁」玩。（K，P-2-03-01） * 我們坐著溫馨的車子到墾丁。（K，P-2-03-02） * 聽到海的聲音我就一直隨著波浪搖擺，我看到有些女生穿的非常刺。（K，P-2-03-03） * 我們一起走上街，我看到一個比一個還刺。（K，P-2-03-04） * 我很感謝爸媽願意抽空時間陪我們出去玩，以後我也會願意花時間陪你們出去玩。（K，P-2-03-05）
2-04	* 我最喜歡讀書了，因為可以讓我懂事。（I，P-2-04-01） * 因為我的學習態度變得跟大哥哥一樣棒，以後對我未來比較好發展。（I，P-2-04-02） * 我的能力沒有那麼弱因為別人做不到的事我的都做到，就是代表有學習。（I，P-2-04-03） * 全班同學很累的在打掃，沒有人偷懶。（I，P-2-04-04） * 曾老師是好老師，我覺得他既嚴格又認真。（I，P-2-04-05）

	＊ 星期三我們三、四、五、六年級，去高雄校外教學。(J，P-2-04-01)
	＊ 我們第一天到了國軍英雄館睡覺，第二天我們到了××國小打森巴鼓給他們聽。(J，P-2-04-02)
	＊ 他們的校長請我們喝綠豆湯非常好喝，完畢後我們就回國軍英雄館。(J，P-2-04-03)
	＊ 有一次我和父母親去了初鹿牧場我們看到了許多動物，比例：馬、牛。(K，P-2-04-01)
	＊ 然後我們還坐馬車逛了初鹿牧場一圈，我們還吃冰喝牛奶。(K，P-2-04-02)
	＊ 到最後我們就回去了，我覺得和父母出去玩是一件非常好的事。(K，P-2-04-03)
2-05	＊ 每當有空的時候我們同學就會約在巨蛋打籃球。(I，P-2-05-01)
	＊ 我的嗜好之二當然就是跑步。(I，P-2-05-02)
	＊ 這樣一天天的練習也促進了我們彼此的關係。(I，P-2-05-03)
	＊ 打籃球能使我長高；跑步能使關係愈來愈密切。(I，P-2-05-04)
	＊ 爸爸的職業是一個軍人。(I，P-2-05-05)
	＊ 我的同學是跑得最快的同學。(I，P-2-05-06)
	＊ 今天是三到六年級的城鄉交流，今天我們的第一站是到原住民文化園區。(J，P-2-05-01)
	＊ 之後我們就抵達國軍英雄館然後我們先去吃飯，吃玩了我們全部就跑去大立百貨公司玩電玩。(J，P-2-05-02)
	＊ 第二天早上我們起來刷牙洗臉完了我們就去領早餐。(J，P-2-05-03)
	＊ 在那裡我得到了許多的科學原理。(J，P-2-05-04)
	＊ 到達以後我們就分組各自去參觀。(J，P-2-05-05)
	＊ 因為八八水災的關係所以我們要做公車到高雄。(K，P-2-05-01)
	＊ 到了高雄我們看見了一個超美麗的美景。(K，P-2-05-02)
	＊ 那裡的一切真的超漂亮比我們好山好水的臺東還要漂亮。(K，P-2-05-03)

	* 因為我覺得那裡簡直是天堂我猜那裡一定會有人去那裡玩。（K，P-2-05-04）
2-06	* 而且每當我疲勞的時候我就會唱一首歌，疲勞和憂愁魔術師一樣把東西變不見似的真神奇啊。（I，P-2-06-01） * 那種感覺真的是棒的沒話可說。（I，P-2-06-02） * 有包羅萬象的書籍，讓我覺得百看不厭的感覺。（I，P-2-06-03） * 在我不會一種東西的時候他就是我的老師。（I，P-2-06-04） * 世紀上有很多很好玩又健康的嗜好，要讓我們去挖掘多嘗試。（I，P-2-06-05） * 終於到了校外教學的日子了，真的讓我高興得不得了。（J，P-2-06-01） * 我看他們跟我一樣有很期待的表情。（J，P-2-06-02） * 在遊覽車上因為很害怕暈車，所以我就先安靜一會兒。（J，P-2-06-03） * 我們去了原住民文化園區，那裡有很多原住民的文化，而且我們去比陀螺。（J，P-2-06-04） * 可惜我有幾次丟偏了獎品也就飛了。（J，P-2-06-05） * 我們就去夢時代，那裡什麼都有可是都超貴的。（J，P-2-06-06） * 我迫不及待的每個遊戲都想玩，可是人太多。（K，P-2-06-01） * 當時升起來時我超怕的。（K，P-2-06-02） * 好像木頭人一樣不能動的感覺。（K，P-2-06-03） * 這次的南投之旅我過的很開心、很充實。（K，P-2-06-04）
2-07	* 它可以讓人快樂、沈迷在那個美妙的氛圍中，當然我也是一樣的。（I，P-2-07-01） * 我就會跑到音樂教室享受別人彈奏的音樂。（I，P-2-07-02） * 談天是我的嗜好排行榜的第三名呢。（I，P-2-07-03） * 我最期待的「高雄之旅」終於到來了。（J，P-2-07-01） * 在那裡我們有玩打陀螺的遊戲。（J，P-2-07-02） * 我和雅婷一起玩終於在最後時刻換到我和雅婷共同享有的小禮

	物。(J，P-2-07-03)
	* 在那裡有很多用現代科技發展的觸碰式遊戲。(J，P-2-07--04)
	* 在回程的路上我們都依依不捨的回想這三天發生所有有趣的事。(J，P-2-07-05)
	* 這時我總是在想著大海啊你的盡頭在哪裡？(K，P-2-07-01)
	* 放下貴重的物品趕緊用飛奔的速度奔向綠島了。(01-14-02)
2-08	* 我的嗜好有非常多，多到比山還要那麼高。(I，P-2-08-01)
	* 每一天我都在照顧外公，所以都玩不到電腦。(P-2-08-02)
	* 彷彿身體輕飄飄的，好像在棉花糖裡，放鬆心情。(P-2-08-03)
	* 而且我把名奇「吃火鍋」，我超強的。(P-2-08-04)
	* 十月二十一日，我們就去了原住民文化園區。(J，P-2-08-01)
	* 那裡也有表演的地方，超精采低啦。(J，P-2-08-02)
	* 他們可以跳很多不同族人的舞，衣服也穿的很好。(J，P-2-08-03)
	* 我發現鳳林國小的學生聽得律律有味呢。(J，P-2-08-04)
	* 看完、吃完、玩完和買完都結束了，我們就要回去了。(J，P-2-08-05)
	* 我們大部分都在玩飛很高，轉很多圈的遊戲。(K，P-2-08-01)
	* 經過漫長又好玩的一天終於結束了。(K，P-2-08-02)
2-09	* 雖然，我不是裡面表現最好的，可是我還是盡力的把球打好。(I，P-2-09-01)
	* 運動可以減肥，能促進心陳代謝，更能維待身體的健康。(I，P-2-09-02)
	* 每次到山上，都看到很多的動物和吃很多的野菜。(I，P-2-09-03)
	* 我會先打開我的信箱，看看誰有把信給我。(I，P-2-09-04)
	* 媽媽用網子把魚勞了起來。(I，P-2-09-05)
	* 這一次的演講比賽，我有願望得獎。(I，P-2-09-06)
	* 每個人都興奮不以。(J，P-2-09-01)

	* 看電影的看電影、聊天的聊天。（J，P-2-09-02） * 路途中也有人唱歌，就這樣一直下去。（J，P-2-09-03） * 他們的歡迎歌唱得很有風情味。（J，P-2-09-04） * 第二天，我們一個早上，都在科博館。（J，P-2-09-05） * 那裡我看見了兩樣我從來都沒有看過的運動，都是我沒看過的。（J，P-2-09-06） * 在海生館也看見很多我少見的動物。（J，P-2-09-07） * 大約在七、八、九年前，全家趁著放暑假的時間。（K，P-2-09-01） * 我看見了許多沒看過的新奇的事物，向是刺激的海盜船，可以跑來跑去。（K，P-2-09-02） * 沒過多久，我就跟那個小朋友分開了。（K，P-2-09-03）
2-10	* 我的嗜好是體育課、旅遊和運動。（I，P-2-10-01） * 打球可以讓心情不好的人可以把心情調到最開心。（I，P-2-10-02） * 媽媽說好，可是好了好久，還是不見集郵冊的芳蹤。（I，P-2-10-03） * 有一次，我的功課有了很大的進步。（I，P-2-10-04） * 星期六，我跟爸爸還有弟弟還有妹妹還有我到田裡工作。（I，P-2-10-05） * 還沒到高雄我們、老師在一起唱歌、大叫還玩的好開心喔。（J，P-2-10-01） * 第三天我們去了海生博物館裡面有很多海洋的動物。（J，P-2-10-02） * 我們都不想走開，因為牠們超可愛的。（J，P-2-10-03） * 他們的歡迎歌唱得很有風情味。（J，P-2-10-04） * 我們玩超好玩的雲霄飛車的時候，我在玩雲霄飛車我的心臟都差一點跳出來了。（K，P-2-10-01） * 我玩到都想要一直玩到底。（K，P-2-10-02） * 我也希望我以後可以在去九竹文化村了。（K，P-2-10-03）

2-11	* 像我的嗜好就是聽音樂、唱歌,是因為如果心情不好我可以聽歌。(I,P-2-11-01) * 我會認為在我的生活中好像少了很多東西,會感覺失去了。(I,P-2-11-02) * 他因為很黑,所以常常曬太陽。(I,P-2-11-03) * 因為他脾氣好,又愛唱歌有時還叫我幫他吹笛子伴奏呢。(I,P-2-11-04) * 到了這裡讓我知到了許多族群裡的習慣。(J,P-2-11-01) * 到了高雄,這時已經晚上了。(J,P-2-11-02) * 好高興因為要去科博館看了許多東西。(J,P-2-11-03) * 吃完了午餐,吃完以後我就到了鳳林國小。(J,P-2-11-04) * 看到了許多水中動物,有好多魚,還有企鵝。(J,P-2-11-05) * 這趟旅行因該是要讓我們學習的。(J,P-2-11-06) * 本來我好怕,一直不趕玩。(K,P-2-11-01) * 第一關爸爸因為坐前面,剛好第一關是往前面沖下去。(K,P-2-11-02) * 回到飯店的我洗好澡,結果倒頭就睡了。(K,P-2-11-03) * 這一刻,也是讓我不在害怕,怕好玩的遊樂器材了。(K,P-2-11-04) * 半路上爸爸一直笑我,害我好尷尬。(K,P-2-11-05)
2-12	* 星期六,我們學校舉辦運動會,我們都很緊張,因為我們跑步前。我們不停地呼吸和熱身,這樣子我們就會跑出很好的成績。(M,P-2-12-01) * 第一天考國語、自然。開始考國語了,老師一發考卷的時候,我就仔細的寫,結果我寫錯那一題了,令人生氣大意。皆下來考自然,自然有一點難,可是對我來說很簡單。(N,P-2-12-01) * 啊!突如其來的火災,喪失了許多人寶貴的性命。(O,P-2-12-01) * 如果那些受難的人知道學會防火的方法,就可以跑出去(O,

	P-2-12-02）
2-13	＊ 吃壞肚子，我就會往廁所裡面跑。一打開門，啊！叔叔在裡面邊看報紙邊上廁所。我嚇到了趕緊把門關上，等了五分左右，叔叔終於出來了。（Q，P-2-13-01）

（二）平地學童病句語料

學生代號 班級——座號	病句
1-01	＊ 去安親班的第一天就要寫 8 頁功課，不過星期三都在玩。（A，T-1-01-01） ＊ 那一天天氣不好，雨一下停，一下有一下沒下。（A，T-1-01-02） ＊ 媽媽就叫我收心，不要在玩了。（A，T-1-01-03） ＊ 太晚起床會來不及早餐。（A，T-1-01-04） ＊ 爸爸也說了同樣的話，不要弟弟表現好就可以買。（B，T-1-01-01） ＊ 我要改過來的第一個缺點就是看別人有什麼就要有什麼的壞習慣。（B，T-1-01-02） ＊ 我是看媽媽小時候錢不夠所以只能買一臺。（B，T-1-01-03） ＊ 不過現在還有一點點大部分都可以忍耐一下都可以不要買一些不用的東西。（B，T-1-01-04）
缺號	
1-03	＊ 由於今天目地是臺東，路途相當遙遠。（A，T-1-03-01） ＊ 有時下雨有時晴郎，就像淘氣小子一樣頑皮。（A，T-1-03-02） ＊ 到達許久的臺東，我已經 5 次了。（A，T-1-03-03） ＊ 我看著這些阿媽阿狗長大，也是有一點喜悅至於到了明天又是個美好的一天。（A，T-1-03-04） ＊ 到了明天，就要去撿石頭。（A，T-1-03-05） ＊ 不過回到了寺廟，我撿到貨真價值的藍寶石，只不過才非常小。

	（A，T-1-03-06）
	* 我還看到了黃牛，可能體積是我的好久十倍呢！（A，T-1-03-07）
	* 我由於這次的八八水災，損傷了許多人，所以我們不能濫墾，這樣不就好了呢？（A，T-1-03-08）
	* 其實我從一二年級開始就有很多的缺點，所以對我有很大的影響。（B，T-1-03-01）
	* 老師對我說，看到朋友或是誰有困難的時候，就應該去幫忙發揮愛心去幫助那些需要幫助的人。（B，T-1-03-02）
	* 在上四年級的時候，我老是上課不專心。（B，T-1-03-03）
	* 我以前其實沒有很多朋友，因為我沒有自信去交朋友，所以以前的朋友很少。（B，T-1-03-04）
	* 我們在盪鞦韆裡玩。（01-03-05）
1-04	* 一轉眼間，暑假過完了。（A，T-1-04-01）
	* 這次的水災，讓山上出現的土石流。（A，T-1-04-02）
	* 暑假時，因為媽媽要上班，所以我也得去上課。（A，T-1-04-03）
	* 每當老師派作文當回家功課時我都會覺得很煩。（B，T-1-04-01）
	* 但每次都會沒靈感，所以寫到一半就會卡住不知道該怎麼寫下去，到最後還是都跑去問爸媽該怎麼寫才比較好。（B，T-1-04-02）
	* 在老師發作文時他都會將寫得比較好的念出來給大家聽。（B，T-1-04-03）
	* 結果分數不但提高了許多，就連一向稀少的優點也變多了。（B，T-1-04-04）
	* 現在我已經不怕作文了，所以現在我也不會把作文放在最後了。（B，T-1-04-05）
1-05	* 由於都要每天要補習所以沒有一天玩得夠。（A，T-1-05-01）
	* 我祈福區上有日本、美國、韓國等外人所寫的祈福卡。（A，T-1-05-02）
	* 再來媽媽又帶我們去參觀建築，才知道以前的建築風格。（A，

	T-1-05-03）
	＊ 本來的大熱天，裡面一進去卻很涼爽。（A，T-1-05-04）
	＊ 如過要玩裡面的遊戲必須在拿遊戲幣才能玩，裡面只有一個有一個遊戲不用投。（A，T-1-05-05）
	＊ 每個我都玩過，而且都很好球。（A，T-1-05-06）
	＊ 以後我一定要改進，不要偷機取巧，偷工減料了。（B，T-1-05-01）
	＊ 我一定要向在上課很專注的同學學習，才不會在上課時，老師叫我回答時，腦海裡一片空白。（B，T-1-05-02）
	＊ 我決定要向移山倒海的徒公學習，我以後做事一定要有移山倒海的精神。（B，T-1-05-03）
	＊ 我長大後，我要當校長，因為當校長可以在臺上廣播。（B，T-1-05-04）
	＊ 我如果經過這些學習後，在未來的路上的變化一定很大，因為我這樣以後就不會撒謊騙人了。（B，T-1-05-05）
1-06	＊ 首先，七月六日，媽媽說可以讓我去高雄表哥家住（A，T-1-06-01）
	＊ 所以，我一生中，最喜歡去表哥家住了。（A，T-1-06-02）
	＊ 或是去表哥家住的時候，我就超開心。（A，T-1-06-03）
	＊ 臺南市停水五天，所以很難洗澡。（A，T-1-06-04）
	＊ 可是我覺得有一點丟臉跟有一點不好意思。（A，T-1-06-05）
	＊ 我從媽媽身上學校，蛋要怎麼煎，因為媽媽不在的時候我就可以自己煎來吃。（B，T-1-06-01）
	＊ 只要是壞掉的東西，爸爸拿工具就修起來呢。（B，T-1-06-02）
	＊ 這些事情需要前輩的指導，才能學的快學的準，我才會進步的這麼迅速。（B，T-1-06-03）
1-07	＊ 這一個暑假我和家人去高雄，哥哥卻要上課所以哥哥沒辦法去，所以只有我和媽媽、姊姊、哥哥他們一起去玩。（A，T-1-07-01）
	＊ 然後我們就照飲料店老闆說得走。（A，T-1-01-07-02）

	* 我們中於到了，我非常的 Happy。（A，T-1-01-07-03）
	* 牠一直看著我，於是我對牠裝鬼臉，於是牠嚇到了。（A，T-1-07-04）
	* 於是我們到了頂樓於是我就有了怕怕的感覺。（A，T-1-07-05）
	* 媽媽和姊姊去玩摩天輪，則我和爸爸去打槍了。（A，T-1-07-06）
	* 我這個人有很多的缺點很多。（B，T-1-07-01）
	* 字體不工整會非常讓我寫的字零零落落，這個需要加強。（B，T-1-07-02）
	* 數學成積的不好，會讓我數學考試常常沒有一百，連九十分都有很大的問題，這個必須加強。（B，T-1-07-03）
	* 四年級之後，想要拿到甲上是有非常大的困難，只不過我有結拜一個兄弟。（B，T-1-07-04）
	* 偶爾會有幾篇全對，真是一百感謝都不夠。（B，T-1-07-05）
	* 數學大從四年級就不好，蠻像大雄。（B，T-1-07-06）
	* 每次數學都是七上八下的，出乎意料的話就會有九十分以上。（B，T-1-07-07）
	* 自從我遇到那兩個人，都非常的佩服。（B，T-1-07-08）
1-08	* 到了哪裡，我們先去玩雲消飛車。（A，T-1-08-01）
	* 我們有去吃到飽餐廳吃晚餐。（A，T-1-01-08-02）
	* 這個暑假，是從小到大以來，我認為最好玩的一次。（A，T-1-08-03）
	* 數學，是我現在最厲害的課，但是，在我還是五六歲的時候，非常不想接近它。（B，T-1-08-01）
	* 之後，我就跑去問老師要如何才能了解數學。（B，T-1-08-02）
1-09	* 一個美好的早晨，太陽在我的祈禱之下，發出了燦爛的光芒。（A，T-1-09-01）
	* 那時我在水上，眼睛閉著，旁人還以為我昏死過去了，真有趣。（A，T-1-09-02）
	* 這一次她哭著找爸爸，害我遭一頓罵。（A，T-1-09-03）

	＊　每個同學身上各有優缺點，好的優點是我要學習的。（B，T-1-09-01） ＊　而且他反而越高年級成績越好，我想他一定努力用功每天晚上在家裡的書桌前非常認真讀了一次又一次。（B，T-1-09-02） ＊　我也十分感恩他、謝謝他，這位同學我覺得是絕無僅有的。（B，T-1-09-03）
1-10	＊　今年暑假我出國去一個叫韓國的國家。（A，T-1-10-01） ＊　樹上落下一枝葉子。（A，T-1-10-02） ＊　我是第二次搭飛機，有點緊張，然後起飛時，我覺得飛機上的服務好棒呀！。（A，T-1-10-03） ＊　然後第二天我們去化妝品店，去買和人參有關產品。（A，T-1-10-04） ＊　回到臺灣後我們去行李區拿行李和韓國買的東西，再去找自己的旅行社的車子載我們回到溫暖的家。（A，T-1-10-05） ＊　雖然我還沒完全做到，但隨時警惕自己一定要做到最好。（B，T-1-10-01） ＊　因為我不太會表達自己所想要表達、形容的話語，也許是怕被譏笑。（B，T-1-10-02）
1-11	＊　8 月的時候，我去安親班我 7 點 40 分的時候就到安親班了。（A，T-1-11-01） ＊　我先到教室裡吃早餐，吃完很多同學都以經到了，後來大家都到了就一起到 1 樓看影片。（A，T-1-11-02） ＊　到消防局大家就開始完了我先排隊去玩。（A，T-1-11-03） ＊　在走路的時後天氣熱大家都想去買飲料喝。（A，T-1-11-04） ＊　老師就到大家到 7-11 買飲料。（A，T-1-11-05） ＊　我的阿姨是一位老師，她長得很高，是從高雄搬回來臺南。（B，T-1-11-01） ＊　我不會寫作文的時候，想不出來我都會問阿姨。（B，T-1-11-02）

	＊ 阿姨都會教我或是我不知道的東西我問阿姨阿姨都會教我。（B，T-1-11-03） ＊ 或是做錯事的時候都會被阿姨罵但是阿姨還是會帶我們出去玩。（B，T-1-11-04） ＊ 還有看電視看完電視要睡覺的時候我都會玩一下子再睡。（B，T-1-11-05）
1-12	＊ 你知道為什麼要叫小人國嗎？因為這裡把全世界著名的地方便小放在這裡。（A，T-1-12-01） ＊ 記得有一次我和媽媽一起到外面吃飯。（B，T-1-12-01） ＊ 那個人停下來口氣不是很好的說：「你們怎麼沒看後面」。（B，T-1-12-02） ＊ 我點點頭媽媽接著說一句對不起有禮貌又可以省掉紛爭何樂不無呢？（B，T-1-12-03） ＊ 聽完媽媽的解釋，我也開始認同。（B，T-1-12-04）
1-13	＊ 放暑假的時後，八月二八日那天早上十一點我們一家人去奶奶家玩。（A，T-1-13-01） ＊ 我跟哥哥去的時後我們都很開心跑去看電視看完之後我跟我哥就跟著大家一起去臺北。（A，T-1-13-02） ＊ 我們坐了很久終於到了臺北，那時後我們去吃飯。（A，T-1-13-03） ＊ 我們又去動物園看了很多動物，還有去看國王氣儿ˊ。（A，T-1-13-04） ＊ 我看到煙火和八家將在跳舞。（A，T-1-13-05） ＊ 我們最後還去和女王頭旁邊合照。（A，T-1-13-06） ＊ 我們老師讓我在這一年學到很多東西（B，T-1-13-01） ＊ 不過雖然這個老師對我們兇可是這也是為我們好，不過有時後當我們在其他的課被老師分數打得很高時老師會請我看電視喝飲料。（B，T-1-13-02） ＊ 我的成績能夠進步一點，這樣的話媽媽一定會很高興，所以我

	一定要努力一點這的話成績就可以進步了。（B，T-1-13-03）
1-14	＊ 在這不長也不短的暑假裡，除了在家裡寫功課、打電腦之外，我還和我們的家人一起南投玩。（A，T-1-14-01） ＊ 我還有跟媽媽還有跟我的姊姊還有我去麥當勞吃東西。（A，T-1-14-02） ＊ 因為在那裡的衛生根本就是爛到谷底。（A，T-1-14-03） ＊ 幽雅的別墅裡，在哪裡根本就是人間仙境。（A，T-1-14-04） ＊ 哥哥就像老師教我。（A，T-1-14-05） ＊ 我一打開門才發現我盡然在霧裡。（A，T-1-14-06） ＊ 我和我的家人都依依不捨的離開，往臺南前進。（A，T-1-14-07） ＊ 這次的旅行真是令我難忘，由其是早晨在霧裡漫步。（A，T-1-14-08） ＊ 從我小到現在認識了許多朋友。（B，T-1-14-01） ＊ 像是我平常十分被動，媽媽叫我去掃房間。（B，T-1-14-02） ＊ 我一邊看電視一邊整理，難怪才會整理的這麼的慢。（B，T-1-14-03） ＊ 所以我從媽媽身上學到每個人，遇到認何問題，應該都要激急、專心的面對。（B，T-1-14-04） ＊ 在以後我一定要把這些小缺點通通改過來，以後不要在一邊看電視一邊打掃房間。（B，T-1-14-05）
1-15	＊ 每當有比賽我總是很沒有自信的對老師說我不要參加。（B，T-1-15-01） ＊ 但是現在一有比賽我就會大膽的跟老師說我想要參加，所以我很感謝我的朋友不停的鼓勵我。（B，T-1-15-02） ＊ 如果我沒有他的時候，我會很難過。（B，T-1-15-03） ＊ 我每次在和別人說話的時候，我都不尊重他人。（B，T-1-15-04） ＊ 相處了一年的時間，感覺老師既溫柔又嚴格。（B，T-1-15-05） ＊ 我很開心，因為我從家人朋友老師身上學到比讀書共重要的事，所以我不能辜負他們的期望，我要將自己的缺點改為優點，

	使自己更加完美。（B，T-1-15-06）
1-16	* 但在玩之前還要拍照，真是討厭，人家迫不及待了啦！（A，T-1-16-01） * 四年前的我十分被動，就算被打完、被罵完之後，還是一樣很被動。（B，T-1-16-01） * 從七歲開始，就一直很被動，但我也希望能改掉，但是我就是作不到，所以我一直持續這樣子。（B，T-1-16-02） * 到了今年二零零九年，我已經改善這壞習慣，因為我聽了媽媽說，如果再繼續保持這個壞習慣，功課不僅會愈來愈退步，將來做什麼事也做不好。（B，T-1-16-03） * 看媽媽說的那麼認真，而且媽媽好像是真心要我把壞習慣改掉，讓我將來做個對社會有用的人。（B，T-1-16-04） * 聽完媽媽這番話後，我的功課成績二十六名進步到十四名。（B，T-1-16-05）
1-17	* 在 8 月的日子中去大陸工作的大舅舅從大陸回來了。（A，T-1-17-01） * 當天我們在阿嬤家等大舅舅等了好久。（A，T-1-17-02） * 我們就從 8：30AM 等到了，12：30AM。（A，T-1-17-03） * 到了水叮噹在買門票的時後，在辦理民卡就是可以比較便宜。（A，T-1-17-04） * 可是那個小姐一直說所以我們從 12：30AM 等到了 1：00AM 大舅舅終於說可以進去了。（A，T-1-17-05） * 本來我只玩二樓，可是玩到三樓覺得好好玩。（A，T-1-17-06） * 下雨的時候，街上會有很多人穿著雨衣拿著雨傘。（A，T-1-17-07） * 回到阿嬤家，有很多人糾正我的行為，首先就是我起來都忘記折棉被。（B，T-1-17-01） * 終於放暑假了，雖然終於可以不用上學了，可是，還有一件事那就是要改掉壞習慣。（B，T-1-17-02）

	* 經過十幾天的訓練我終於早上起來會記得折棉被了。（B，T-1-17-03） * 由於因為放暑假，所以我們每天早上就要回阿嬤家，因為媽媽不讓我跟妹妹在家所以就戴我們回阿嬤家。（B，T-1-17-04） * 由於阿嬤家都沒有電腦所以相當無聊，所以我一回阿嬤家，就快速的跑到哥哥的房間看電視（B，T-1-17-05） * 雖然我有很多的壞習慣，但在舅媽、媽媽的改進下我都改掉壞習慣，謝謝你們。（B，T-1-17-06）
1-18	* 比賽開始之後我由先得分。（A，T-1-18-01） * 我不但學到了許多籃球的技巧，也交到了許多本來不認識的人。（A，T-1-18-02） * 我每一次在做家事的時候，常常一邊做一邊看電視。（B，T-1-18-01） * 我學習的情況十分被動，常常要父母不停的叮嚀著我。（B，T-1-01-18-02） * 我現在變得比以前主動了，自己也比較不會忘東忘西。（B，T-1-01-18-03） * 要丟掉以前的壞習慣，非常的不容易和辛苦。在中間的過程中，有好幾次都想要放棄。（B，T-1-01-18-04）
1-19	* 到了中午，指導員帶我們到一廣場看綿羊秀，我們等很久終於開始了。（A，T-1-19-01） * 隔天一大早爸爸就把我們叫去吃早餐，吃完早餐我們就開開心心的回家了。（A，T-1-19-02） * 粗心大意是我最大的敵人，每次考試時，它都會來找我。（B，T-1-19-01） * 我從丁某某學到粗心大意可能會把很簡單的一個小小的問題變成一個超極大的問題。（B，T-1-19-02） * 我從電視上知到不穿脫鞋會採到地上骯髒的細菌，所以我就慢慢的開使不會忘了穿脫鞋。（B，T-1-19-03）

1-20	* 七月一日至八月三十日是暑假，在暑假中有許多趣事，讓我度過二個月的暑假。（A，T-1-20-01） * 途中遇到一位攝影大師，他幫我們拍了張照，然後繼續走走走。（A，T-1-20-02） * 公園裡有很多大樹，空氣很好，我感覺很舒服。（A，T-1-20-03） * 我們每個人都有優缺點，而我的缺點有很多，但從某些人身上學到某些事，我的缺點部份漸漸改進。（B，T-1-20-01） * 最後，我在跟我們一同登山的攝影家伯伯身上學到了惜福。（B，T-1-20-02） * 因此我要將他們的優點學起來，將自己的缺點改為優點，使自己更臻完美討人喜愛，就算天塌下來，也無所謂。（B，T-1-20-03）
1-21	* 每個人都喜愛過暑假，其原因是，一來可以不用早起了二來可以不用上課。（A，T-1-21-01） * 由於姑姑家是開旅店和茶吧，早上我們得很早就起來，幫忙烤土司，端給房客吃。（A，T-1-21-02） * 當第一位客人來時，我們都手忙腳亂的很緊張，出了一點小插錯。（A，T-1-21-03） * 整天泡在書堆裡猛看書，直到最後我才發現很久沒看到太陽了。（A，T-1-21-04） * 我就一直在想，為什麼電視上那些人可以從原本脾氣很壞，到見人就笑。（B，T-1-21-01） * 而且我還在心裡想，為什麼我會被罵，一定有理由的。（B，T-1-21-02） * 現在，我都還有在看大愛劇場，每一個故事都是真實的，每一個故事都很感人。（B，T-1-21-03） * 並且將心比心、了解別人的想法，這樣子不是很好嗎？（B，T-1-21-04）

1-22	＊ 某天，我在用電腦時，發現到網路上有好玩又有趣的影片。（A，T-1-22-01） ＊ 奇怪，電視怎麼一直開不起來。（A，T-1-22-02） ＊ 父親節前一天，莫拉克已經抵達臺灣。（A，T-1-22-03） ＊ 但家園重建要很長一段時間，不過災民有地方住，應該很滿足了吧。（A，T-1-22-04） ＊ 每個人都有一、兩個優缺點，缺點改過來變成優點，是最好不過了。（B，T-1-22-01） ＊ 媽媽教導我口氣要怎麼說才不會沒有禮貌。（B，T-1-22-02） ＊ 至於知識不足，原因就在於，很少看課外讀物，基本常識也不學好。（B，T-1-22-03） ＊ 我在學校有時候會從圖書館借書回家看，我感覺成績有比之前好很多。（B，T-1-22-04） ＊ 我希望我的缺點都可以變成優點。（B，T-1-22-05）
1-23	＊ 逛了一陣子，我發現裡面的東西真貴的可以。（A，T-1-23-01） ＊ 我心想真的分明是在搶錢。（A，T-1-23-02） ＊ 我心想等到上大學時我也想和朋友一起來參加。（A，T-1-23-03） ＊ 小時候我時常看媽媽煮飯，我每次都會吵著想試試。（B，T-1-23-01） ＊ 這題英文題目真難，對了去表姊好了，我的表姊英文非常的好，所以這一題對她來說只是九牛一毛而以。（B，T-1-23-02）
1-24	＊ 今年暑假，爸媽為我安排了許多活動，有棒球營、機器人營，還有環保生活營。（A，T-1-24-01） ＊ 每個人多多少少都有些可貴的優點？，但是人非聖賢，誰能無過。（B，T-1-24-01） ＊ 我從弟弟身上學到的是用完東西後要物歸原位，弟弟的缺點是把東西亂丟。（B，T-1-24-02）

1-25	* 出去打球，在家玩電腦、跟朋友出去逛逛街等等之類的事，這些是其都是讓我度過了一個快樂的暑假喔！（A，T-1-25-01） * 我的暑假期間很好玩、很刺激。（A，T-1-25-02） * 我暑假早上都是一個人在家，所以我會覺得寂寞或孤單，甚至，我本來就是個膽小鬼。（A，T-1-25-03） * 因為一個人再家也會無聊，所以還是別過暑假好了。（A，T-1-25-04） * 暑假是人人都喜歡的，但卻沒人想到它的壞處，則只想到它好處的人，一定是個不喜歡讀書的人。（A，T-1-25-05） * 我的第一位同學他叫×××，他的優點較多，而缺點似乎較少。（B，T-1-25-01） * 他是個天才的一個同學。（B，T-1-25-02） * 這種同學我很欣賞，希望他可以繼續當我的同學。（B，T-1-25-03） * 我的第二位同學他叫×××，他的優缺點都剛好。（B，T-1-25-04） * 全班同學都很用心在跑步。（B，T-1-25-05）
1-26	* 但他們要畢業了我有點傷心可是也恭喜他們。（A，T-1-26-01） * 暑假第一個禮拜我寫了一些功課玩了一下電腦不知不覺就到了晚上。（A，T-1-26-02） * 一天一天慢慢的過了，終於第一次返校來了我其待到晚上都睡不著。（A，T-1-26-03） * 雖然暑假只有去高雄、屏東玩可是我不管在去六十次一百次都不會無聊。（A，T-1-26-04） * 我從他身上看見了做人第一，學習第二，我一定要跟他一樣。（B，T-1-26-01） * 我有一個好朋友她也是我的同學，她身上有很多我身上沒有的東西。（B，T-1-26-02）

	* 我從一位同學身上學到要有愛心,她有養一隻小白兔。(B,T-1-26-03)
	* 這位同學,她看到當場哭了,讓我很佩服。(B,T-1-26-03)
1-27	* 我記得他一進去之後就一直在哭。(A,T-1-27-01) * 那時的他看起來很可愛又很好笑,他回家後還一直被每個人嘲笑。(A,T-1-27-02) * 石門水庫的水多到流出來,政府為了讓我們有乾淨的水可以用,所以停水了好幾天,害得我們要排隊要水,才能洗澡。(A,T-1-27-03) * 我生病了,媽媽有拿藥給我吃藥。(A,T-1-27-04) * 每個人多多少少有可貴的優點,也有不好的缺點。(B,T-1-27-01) * 而我的缺點之一是少了勇氣,少了勇氣讓我看到遊樂原有很多遊樂設施都不敢玩。(B,T-1-27-02) * 而我的缺點之二是自以為是和自私自利。(B,T-1-27-03) * 雖然每個人都不是十全十美的,但我會努力的把我的缺點改進。(B,T-1-7-04)
1-29	* 在暑假的第三個星期四,爸爸、媽媽、姊姊、我和爸爸的朋友一起去膨湖玩五天。(A,T-1-29-01) * 到了膨湖我們先去放行理。(A,T-1-29-02) * 第二天我們中午一起坐船去釣魚,一直釣到下午才上船。(A,T-1-29-03) * 第三天我們去海上平臺烤和釣魚(A,T-1-29-04) * 就坐遊覽車去欣賞古積,後在坐船去望安,去望安就比較不會暈船了。(A,T-1-29-05) * 我要將他們的優點學起來,將自己的缺點改為優點。(B,T-1-29-01) * 之前我在回答問題時,我都不敢大聲說。(B,T-1-29-02)

1-30	* 放暑假時大家一定都很開心，大家都會聊要去哪裡等……，大家都超級興奮的。（A，T-1-30-01） * 然後隔天我就店裡打工。（A，T-1-30-02） * 我好開心喔！所以我照爸爸媽媽的方式讓爺爺奶奶讚美我。（A，T-1-30-03） * 到了隔天我們就去臺中科學博物館裡看電影、立體巨場，實在太棒了！（A，T-1-30-04） * 我們大家玩得都很快樂又高興。（A，T-1-30-05） * 暑假放完了，就該收心了，暑假工課寫一寫，快快樂樂上學吧。（A，T-1-30-06） * 可是就算我補數學，我的數學也不知道有沒有進步。（B，T-1-30-01） * 每個親人都只有媽媽對我最好，有幾次我犯下了錯誤，可是媽媽都不會罵我。（B，T-1-30-02） * 對我來說他也像媽媽一樣，他就是我爸爸。（B，T-1-30-04）
1-31	* 有時我也在家裡看課外讀物，或是去書局買書看以培養文學氣質，但我還是認為似乎有美中不足的地方。（A，T-1-31-01） * 另外還有我很被動的壞習慣，從來不會自動自發，所以老是被凶猛老虎的媽媽罵。（B，T-1-31-01） * 每個人有優點也有缺點，我希望我的優點一卡車，因此我要將它們的優點學起來，將自己的缺點改成優點。（B，T-1-31-02）
1-32	* 我跟姊姊幾乎在家發燒快七天，結果姊姊是得了腸胃炎而我是重感冒。（A，T-1-32-01） * 暑假作業我前幾個禮拜就寫完了，最後都是在上安親班的課程。（A，T-1-32-02） * 到了下午四點到五點之間安親班會帶我們到學校玩一玩運動一下。（A，T-1-32-03） * 而且晚上時外面非常的冷，向冷氣開到十度一樣，非常的冷，不過真的非常的好玩。（A，T-1-32-04）

	* 熱水剛剛好。（A，T-1-32-05） * 我應該把這些缺點給改掉，不然每次月考完都會被打到體無完膚，都快進大醫院了。（B，T-1-32-01） * 所以這些缺點我一定要徹底的改掉，然後多多像沒有這些缺點的人多多學習一下。（B，T-1-32-02） * 我的第二個缺點是粗心大意，我把它改良好是跟×××學習的。（B，T-1-32-03） * 我第三個缺點是很會亂發脾氣，擁有這個優點的全班只有一個人。（B，T-1-32-04）
1-33	* 每次暑假就是喜歡出去玩多多在外面增廣見聞，讓腦子活動一下。（A，T-1-33-01） * 喜歡到奶奶家吃東西，吃她煮的菜，還有她人，奶奶她真的人很好（A，T-1-33-02） * 這顆糖果很好吃，沒有一個小朋友不會不喜歡。（A，T-1-33-03） * 我問我爸，他說完我才知道，這幾天的沒水，過的好痛苦。（A，T-1-33-04） * 不能像以前一樣，大量用水，這樣的生活，幾乎像整個人死掉的感覺。（A，T-1-33-05） * 這也讓我體會，以前沒水的痛苦，還有以前的人，的很省水，吃東西也很省。（A，T-1-33-06） * 過了幾天，總算有了，超開心的。（A，T-1-33-07） * 我的缺點，也許是我上課不夠認真，才會拿不好成績回家。（B，T-1-33-01） * 我以前不會交朋友，常常孤單的坐在位子上。（B，T-1-33-02） * 我和×××也許有時後，是我說了她不想聽的話，而因此吵架。（B，T-1-33-03） * 光陰似箭很快的六年級了，也可能很快的就要畢業了。（B，T-1-33-04）

	* 雖然小時後很純潔，很不想長大，可是時間是會跑的，希望以後不要在變更壞了。（B，T-1-33-05）
1-34	* 我們大家把所有的要帶的東西都放到車上，然後去吃早餐，再來我們就直奔到了新竹。（A，T-1-34-01）
	* 每個人都有自己的優缺點。（B，T-1-34-01）
	* 我想大家多少都會有優點，這些優點，可以幫助我們增加知識，讓我們成長。（B，T-1-34-02）
	* 還有我沒有自信這個缺點，沒有自信讓我沒有把握、猶豫不決。（B，T-1-34-03）
	* 如果每個人都會有缺乏自信的時候，所以要相信自己、肯定自己，不要怕全力以赴，就算事情失敗了、做錯了也沒有關係。（B，T-1-34-04）
1-35	* 在安親班，老師常常會安排戶外教學，這是最我喜歡的時候，因為戶外教學不但可以戶外踏青，又可以見議到利不同的事物。（A，T-1-35-01）
	* 隔天去臺中科博館有很多展覽我都很想看，因為奶奶太累，所以很早就回臺南了。（A，T-1-35-02）
	* 一開始，我是個小氣的小女生，只要我有東西我只會懂得和朋友分享。（B，T-1-35-01）
	* 我要將家人或朋友的優點學起來，將自己的缺點改為優點。（B，T-1-35-02）
2-01	* 因為操場很大可以做很多的事情，可以打球、丟球、跑步，還可以做很多事情。（C，T-2-01-01）
	* 上課時我最歡的是電腦課，因為可以學到一些別人不會的事。（C，T-2-01-02）
	* 大家看的目瞪口呆都一直說我好厲害，一定要我教他們，一開始教他們的時候都聽不懂，不過多用心的仔細教一下知道他們就懂了。（C，T-2-01-03）
	* 媽媽從於開口說要出國了，我開心的睡不著。（D，T-2-01-01）

	* 因為要去韓國會下雪,所以我跟弟弟才睡不著。(D,T-2-01-02)
	* 一開始我們看不懂韓國字不過過了幾天就有一點看的懂了。(D,T-2-01-03)
	* 我們還去坐船去看一些很好看的東西,走在路上有一點滑滑差一點滑倒,所以要小心走路。(D,T-2-01-04)
	* 去韓國我是第一次做雪球,開始的時候一做雪球就不玩了因為一開始不會做雪球。(D,T-2-01-05)
	* 我下次希望去韓國的時候可以有很多的時間去玩很多的東西,還有去很多的景點看一些比較有用的東西。(D,T-2-01-06)
2-03	* 它裡面也有很多好玩的地方,設備很多,善良的老師和學生也很多,但也有幾個比較壞的學生。(C,T-2-03-01)
	* 如果要說我最喜歡什麼科目的話,只有兩個,就是,數學、電腦。因為數學有時很簡單,和很好玩,然後電腦因為有時老師會讓我們玩電腦。(C,T-2-03-02)
	* 因為,我以前對電腦跟本什麼事都不懂,但經過老師一年又一年一直教導我,讓我對電腦無所不知,但是還是對一些東西不太清楚就對了。(02-03-03)
	* 在學校裡,我最感謝老師和同學,老師是因為他教了我很多有關人生的大道理。(C,T-2-03-04)
	* 人生,有許多的第一次,然後,就會有第二次、第三次。(D,T-2-03-01)
	* 我要說的是,我以前,許許多多的第一次,有時恐怖,有時快樂。(D,T-2-03-02)
	* 再來,我的第二個第一次,第一次騎腳踏車的時候,因為我還不會騎,所以一直跌倒。(D,T-2-03-03)
	* 直到,我要放棄前的最後一次騎時,突然就學會了,讓我覺得不可思議。(D,T-2-03-04)

	* 經過這幾次的第一次，讓我百感交集，也讓我有非常多的啓示。（D，T-2-03-05）
2-04	* 看了這些美麗的風景，讓人的心情都不自覺的放鬆了下來。（C，T-2-04-01） * 在這節體育課裡，老師都會把他所知道的體育常識通通都告訴我們大家，所以每次上完體育課我的身上一定是汗流浹背沒有一處不流汗。（C，T-2-04-02） * 在學校生活中，老師都教我們許多我們大家都不知道的知識，有的時候當我們聽的津津有味的時候就下課了。（C，T-2-04-03） * 感謝你們大家的支持與鼓勵，讓我有信心可以走下去。（C，T-2-04-04） * 回家後我便馬上告訴爸媽們這件消息，爸媽便要我趕快去練習聲調、表情和動作。（D，T-2-04-01）
2-05	* 我的學校像一間別墅一樣大，走過的路人看了目瞪口呆，讚嘆不已。（C，T-2-05-01） * 下課時，我最喜歡去當秋千和打籃球，雖然每次都玩到很晚才回到教室裡上課，但每次都玩得不意樂呼。（C，T-2-05-02） * 再來媽媽又帶我們去參觀建築，才知道以前的建築風格。（C，T-2-05-03） * 所以當我要上小學的那年媽媽跟爸爸就幫我去辦理 YMCA 的游泳課所以我現在才很會游泳而且我還有參加比賽過呢。（D，T-2-05-01） * 在我去上游泳課的第一次時，我什麼式都游不好，還好有教練細心交我，不然就沒有今天的我了。（D，T-2-05-02） * 當時我根本不知道我能游到這種成度，在第三年我就被教練叫去比賽了。（D，T-2-05-03） * 人家笑我，沒關係。只要我不斷不斷努力我一定全力以赴我會成功的。（D，T-2-05-04）

2-06	* 猶記上一年級時，還是個學ㄅㄆㄇㄈ的小學生，在老師孜孜不倦的教導下，日漸茁壯（C，T-2-06-01） * 三年級時，參加了拔河，大家團結一致，奮鬥到底，終於把對方打倒。（C，T-2-06-02） * 升了高年級，我被繁重的功課壓得喘不過氣，幸而有一位精明能幹的老師，無時無刻的教回我們，使我們的成績能蒸蒸日上。（C，T-2-06-03） * 我才到學校上了九天的課，所以我對學校不是很熟。（D，T-2-06-01） * 我在學校裡，經過了五十天後，才認識了學校的每個地方，也得知如何管理秩序，認識了許多學生和師長。（D，T-2-06-02） * 只要老師一不在，全班就會打架、大聲說話或玩耍，我就可以上去管秩序了，等老師回來，我就可以下臺安靜聽課。。（D，T-2-06-03） * 希望每天每年我都可以當上班長，來為班上服務。（D，T-2-06-04） * 每天都練習到半夜一、點，不過還是得到了第一名。（D，T-2-06-05）
2-07	* 我就學非常著名的××國小，裡面的最大特色在於新鮮綠地。（C，T-2-07-01） * 這個國小的軟體設施非常好，幾乎不用人等，這是非常好的地方。（C，T-2-07-02） * 我最喜歡的課是電腦、體育、社會等。電腦課是因為資訊發達能夠瞭解資訊。社會則是能教我們社會的一些很重要的（C，T-2-07-03） * 下課的時候，跟同學嬉戲，要是那個時候在走道上還能撿到錢，有時後下課是找人、玩做事……等。（C，T-2-07-04） * 我覺得從個大成績來講國語能教我們字的工整；數學則是計算；自然是科技；社會是世界大事；音樂是音節。（C，T-2-07-05）

	* 我在臺東住了十一天，其中的三天有要去撿寶石。（D，T-2-07-01）
	* 第一次養甲蟲已經只剩一隻了，我還記得牠們的由來。（D，T-2-07-02）
	* 我在臺東抓了十一隻的甲蟲，其中有一隻雄壯威武角很大，那一隻甲蟲是我最喜歡的一隻。（D，T-2-07-03）
	* 我還真佩服他的不屈不撓的精神啊！只可惜，回家的路上平安無事，明天中午，我們外出，甲蟲由天氣非常熱，所以全都死掉了。（D，T-2-07-04）
	* 我學到要愛惜動物，以及有能就養，沒能力就算，不能像我一樣，一個不注意就死光光，所以大家要愛惜動物。（D，T-2-07-05）
2-08	* 上課時，我最喜歡搶先說出別人都不知道的答案，好讓別人認為我很聰明。（C，T-2-08-01）
	* 我喜歡數學課，它讓我學到了很多數學計算的技巧。（C，T-2-08-02）
	* 記得有一次戶外教學，我們到四草的各個勝地去參觀，令我引想最深刻的是──抹香鯨陳列室。（C，T-2-08-03）
	* 旁邊也記載當時宰殺的情行。（C，T-2-08-04）
	* 老師無時無刻的都在教導我們，把我訓練成活潑有禮的小孩。（C，T-2-08-05）
	* 到了當天比賽時，我全身都不寒而慄得發起抖來，心情也使終無法放開，儼然我像戰敗的公雞，沒有勇氣，直到結束後，才感覺到被釋放的自由。（D，T-2-08-01）
	* 第一次在家，就像是隻不受拘束的小鳥，能做什麼就做什麼，但是一到了晚上，卻變成一隻躲在牆角的小狗，十分害怕家裡的每個動靜，小心翼翼的避開難關，一直到家人所點起的明亮，讓我從恐懼的包圍中走出來。（D，T-2-08-02）
	* 只要以後努力認真，找出失敗的原因，那怕是幾時次、幾百次，也許第二次就能成功。（D，T-2-08-03）

2-09	* 我最喜歡的課程是體育、電腦課，因為體育課是要讓我們運動，好讓我們有健康的身體，比較不容易生病。（C，T-2-09-01） * 然後喜電腦課的原因是電腦的時候只要把老師給我們的功課做完就可以做自己的事了。（C，T-2-09-02） * 在學校生活的時候我要感謝老師、教練。（C，T-2-09-03） * 相處了一年的時間，感覺老師既溫柔又嚴格。（C，T-2-09-04） * 一開始看教練在示範的時候感覺好像很簡單，但是實際打起來卻是一件非常困難的事。（D，T-2-09-01） * 後來練了一年之後，教練就帶我們去參加臺南市的比賽了，一開始原本以為會打輸，但是打到後面卻是愈打愈有信心。（D，T-2-09-02） * 還有我喜歡桌球的原因是因為在我打球的時候一直看著球跑來跑去，所以可以幫助眼睛，好讓我們比較不容易近視。（D，T-2-09-03）
2-10	* 我現在就讀××國小六年級，我下課時常常看到學校的景觀，裡面有根××○○很像的景觀。（C，T-2-10-01） * 上課時我最喜歡上自然課，我學到跟自然的天氣、動物、科學的事。（C，T-2-10-02） * 我覺得我要感謝每一個幫我上課和教導我的人，因為每一個人都想讓我在成長中學習，以後才可以做有用的人，我在學校的最大收穫是每一個老師上課的資訊和知識、禮貌，這才是真正收穫到。（C，T-2-10-03） * 直到媽媽來罵我們，我們才頓時安靜下來。（D，T-2-10-01） * 從這一刻起我的眼睛從來沒有合起來，因為我想將這一切美景盡收眼裡。（D，T-2-10-02） * 吃完飯完，去機場搭飛機回家，我覺得這次的體驗好好玩，我以後我就可以自己出國玩了。（D，T-2-10-03）

2-11	* 第二次月考考完了，我們大家把教室的東西搬到新教室，搬完之後我們把教室黑黑的地方都用抹布擦乾淨。（C，T-2-11-01） * 後來放學了，隔天我到學校之後，早自修的時後老師讓我們看影片，看看影片的時候有很多人會在桌上玩牌。（C，T-2-11-02） * 下課後我通長會跟同學玩鬼抓人的遊戲，但是玩到一半的時後就上課了。（C，T-2-11-03） * 過了一下下之後飛機就起飛了我覺得起飛的時候很好玩。（D，T-2-11-01） * 後來我就一直在看電視了，就快要到了再 10 分鐘後就到了，下了飛機我們走到機場出去後我們就坐車回家了。（D，T-2-11-02）
2-12	* 我拿起課本翻到要教頁數靜靜地聽著老師在黑板上碎碎唸，說真的有些我還真有聽沒有懂。（C，T-2-12-01） * 看著老師認真在為我們上課心裡好感謝，也覺得老師好辛好喔。（C，T-2-12-02） * 一到下課鐘聲響起，大家不約而同的往外衝，有的往福利社衝準備大吃一頓。（C，T-2-12-03） * 一騎上爸爸的腳踏車，我就像用飛地一樣一下子就到了新化鎮教堂。（D，T-2-12-01） * 好不容易終於騎到了烏山山下。（D，T-2-12-02）
2-13	* 記得我剛入學讀書的時後，最後怕的是月考每逢聽到要考試，使我非常恐慌。（C，T-2-13-01） * 記得有一次月考前一晚，我一吃過晚飯，便緊趕跑進自己的房間拿出課本溫習開始用功讀書這時已經是十點多了有點疲倦。（C，T-2-13-02） * 每個禮拜我和表哥乘火車到臺北去旅行在車廂有幾項是情我覺得是真的。（D，T-2-13-01） * 也讓我知道在公共場河裡我們每個人都要遵守不能向那些人一樣亂丟垃圾。（D，T-2-13-02）

2-14	* 我的學校是一間環境優美、設私良好的學校，這裡不只環境優美，衛生更是一級棒。（C，T-2-14-01） * 大部分的同學都認真的聽老師講課，認真的超筆記。（C，T-2-14-02） * 各個同學臉上都帶著燦爛的笑容，一幅很滿足的樣子。（C，T-2-14-03） * 我再過幾個月就要成為大哥哥了，所以最後一年我要更努力、更用功。（C，T-2-14-04） * 每個人都有第一次，面對陌生的體驗、新的挑戰，相信每個人都有第一次。（D，T-2-14-01） * 即始爸爸在旁邊幫忙，我仍然心驚膽跳。（D，T-2-14-02） * 不要顧慮到身後，和大力的往前用力踩。（D，T-2-14-03） * 就在這時，我終於經過了一番努力後，成功了。（D，T-2-14-04）
2-15	* ××國小是文名全國的綠色學校，綠樹成蔭的景觀，活潑有禮的學生、和藹可親的校長，讓人看得讚嘆不已。（C，T-2-15-01） * 下課時，我不但可以準備下一節要用的課本和用具也可以和好朋友到操場上玩耍、聊天增進朋友之間的情感和友誼，還可以到圖書館借喜歡的書。（C，T-2-15-02） * 果然當老師念到最後一個終於出現我的名字。（D，T-2-15-01） * 我覺得第一次去拔牙讓我領悟最深。（D，T-2-15-02）
2-16	* 小學是我現在該讀的年級，××國小是我正讀的小學（C，T-2-16-01） * 學校為我們付出那麼多，我們應該心存感謝，不要覺得說上課很無聊，就算了。（C，T-2-16-02） * 而且從小一到小五，我不只學到了這些我還學到了不要什麼都要最好的。（C，T-2-16-03） * 終於要出國了，終於要出國了。這一天終於到了。（D，

	T-2-16-01）
	* 第一次出國的感覺跟去什麼臺北玩的感覺就是不一樣，這種感覺是讓我有點緊張，迫不及待，或是睡不著覺的感覺，實在是差太多了。（D，T-2-16-02）
	* 雖然小了兩倍，但也叫飛機啦。（D，T-2-16-03）
	* 那裡晚上時有夠漂亮的加上許多賭場。（D，T-2-16-04）
	* 九天的時間，就好像過九秒一樣，回到臺灣的真好。（D，T-2-16-05）
2-17	* 每到學校時，我都好想睡，因為昨天都睡不飽，不過到教室門口，我就睡不著。（C，T-2-17-01）
	* 我覺得學校很美，學校的老師和學生都合得來。（C，T-2-17-02）
	* 如果老師沒說上課大家根本就會一直玩，不管什麼樣的回憶大家因該都體驗過了吧。（C，T-2-17-03）
	* 我覺得大家因該不行那麼愛玩，因為在一年的多的日子，我們就要畢業了。所以我們大家因該好好珍惜，因為我們大家在一起的時間已經不多了，所以我們大家要珍惜這份感情。（C，T-2-17-04）
	* 為什麼我們要坐飛機是因為叔叔他們家，是賣衣服的。（D，T-2-17-01）
	* 結果坐上飛機之後，我覺得好涼。後來要吃中午的飯的時。（D，T-2-17-02）
	* 回到臺南，我跟大家說叔叔送我一個米奇的鬧鐘。（D，T-2-17-03）
2-18	* 學校生活點滴，自從我轉到了××國小，一轉眼間已經過了一年了。（C，T-2-18-01）
	* 其中，最讓我印像深刻的是五年級上學期的那一次運動會。（C，T-2-18-02）
	* 因為我在參加大隊接力的時候，我們每天都跟體育老師借接力棒，然後再到操場去練習。（C，T-2-18-03）

	* 第一次的嘗試通常都是失敗，但是只要再繼續嘗試一定會成功的。（D，T-2-18-01）
	* 還記得我第一次將要去比賽演講時，我的心理十分緊張。（D，T-2-18-02）
	* 深怕一個閃失，就會把內容整個亂掉。（D，T-2-18-03）
2-19	* 我在學校上學，讓我覺得非常有趣，因為從一年級開始，我就認識很多朋友，他們都會跟我玩到五年級我還是去找他們來玩呢。（C，T-2-19-01）
	* 還記得去年五年級的時後，我們全校五年一起去四草。（C，T-2-19-02）
	* 學校上的自然都跟天上的星座有關。（C，T-2-19-03）
	* 我還覺得天會掉下來似的，非常有趣有上過自然課的人都要快去公園裡，拿起望遠鏡看星星。（C，T-2-19-04）
	* 7 月 28 日，快到中午才出發，我們經過好多地方。（D，T-2-19-01）
	* 我們到了西子灣，又迷路了我們又很餓因為我們早餐都沒吃。（D，T-2-19-02）
	* 我們從 4 樓開始的逛到六樓，再上去頂樓我好害怕。（D，T-2-19-03）
	* 我當然很高興的答應。（D，T-2-19-04）
	* 我們到了下午去一樓吃飯再到書局裡面。（D，T-2-19-05）
	* 可是回家的路上我就睡著了。（D，T-2-19-06）
2-20	* 圖書館中的書海映入眼簾，如同書本的祕密基地，也可以借閱書本。（C，T-2-20-01）
	* 我最喜歡打躲避球，常玩到汗流浹背，揮汗如雨。（C，T-2-20-02）
	* 課本裡有些困難的地方，但只要功夫深，鐵杵磨成針，專心聽講，就能瞭解課本裡在講什麼。（C，T-2-20-03）
	* 雖然我喜歡很多課程，但我還是喜歡下課的時光，因為可以準

	備下一節上課的課本和用具，也可以到圖書館借好看的書，也可以和同學嬉戲、聊天。（C，T-2-20-04） * 我記得之前，我爸爸幫我和我妹妹各買一包蔬菜種子。（D，T-2-20-01） * 這樣，因為有牛奶殘留，提供營養，讓小菜快點長大。（D，T-2-20-02） * 我的小菜遭到菜蟲的破天荒大襲擊。（D，T-2-20-03） * 但是不管我再全力以赴挑菜蟲，仍然被咬得體無完膚。（D，T-2-20-04） * 我想小菜們的心情始終無法放開，儼然就像戰敗的公雞。（D，T-2-20-05） * 說時遲那時快，小菜們已經完全長大。（D，T-2-20-06）
2-21	* 所以有時就會趴在欄杆上想一些事情、做望遠凝視、讓眼睛休息一下。（C，T-2-21-01） * 其實，我在學校學習的最多的，不是課本上的內容，而是為人處事的道理。這些東西都是課本不會提到，老師不會教到的（C，T-2-21-02） * 我要謝謝同學，是他們在我錯誤時，拉我一把，是他們在我成功的背後推我一把，是他們教我怎麼做人。（C，T-2-21-03） * 第一次出國、第一次比賽⋯⋯這些都可能是人生中的第一次。（D，T-2-21-01） * 爸爸把我和姊姊送去墾丁五天。（D，T-2-21-02） * 讓我覺得，其實做服務業也不錯，更重要的是，跌倒，並不可笑。（D，T-2-21-03）
2-22	* 我所就讀的學校是一個景觀優美的好學校，不只設施好，校長也和藹可親，老師們也很努力的在教導學生。（C，T-2-22-01） * 下課的時候，只要功課不多，就會找同學聊聊天，或是寫功課，不過，我是比較喜歡跟同學聊天，因為可以分享之間的趣事，所以我覺得很好。（C，T-2-22-02）

	* 我覺得學習到最多東西的課程是「健康與體育」。（C，T-2-22-03） * 第一次做什麼事說不定是很重要的。（D，T-2-22-01） * 走到新教室門口，我開始緊張了起來。（D，T-2-22-02）
2-23	* 光陰似箭，轉眼間竟然快升上六年，雖然剛開始覺得不怎麼樣，但現在腦子的記憶卻一直浮現在眼前。（C，T-2-23-01） * 那是一場激烈的運動會，在跑大隊接力時，大家都非常努力的跑所以成績不會太爛。（C，T-2-23-02） * 在這些歲月中我學到許多東西，也知道發生某些事情時，該如何解決，不管是難過的或是快樂的，對大家都是很重要的。（C，T-2-23-03） * 對現在要升上六年級時才知道要珍惜時光，是晚了些。（C，T-2-23-04） * 在吃飯時我看見老闆娘的女兒在跟他寵物鼠玩。（D，T-2-23-01） * 而且還時常張開耳朵聽我們說話。（D，T-2-23-02） * 雖然還認識不久，但我們的感情卻像姊妹一樣的好。（D，T-2-23-03）
2-24	* 我和死黨們每一節下課都會一起玩「紅綠燈」，玩得樂不可支，玩到了上課，每個人都已經揮汗如雨，我想這一年每個人的運動量都很足夠吧。（C，T-2-24-01） * 我要感謝老師們的教導我，讓我有坐春風的感覺。（C，T-2-24-02） * 舅舅常常帶我們到處遊山玩水。（D，T-2-24-01） * 風和日麗，舅舅心血來潮，決定帶我們去看剔羊毛秀。（D，T-2-24-02） * 這次的旅行我玩到樂不思蜀。（D，T-2-24-03）

2-25	* 學校上課期間，我還滿喜歡國語、電腦、體育……等。（C，T-2-25-01） * 我還喜歡上體育課，由於上體育課可以打球，不但有趣，還可以健身運動呢！（C，T-2-25-02） * 下課時，我非常高興跟班上的同學在教室外聊天，我們每天都聊的很開心、很快樂，也可以培養我們的感情，讓我們的友誼加深，這樣也不錯，我也會比較喜歡。（C，T-2-25-03） * 每位老師都很認真教學，也會使我們專心上課，我很感謝這幾年來一直在教導我的老師們。（C，T-2-25-04） * 我會害怕是不是因為我，所以沒有第一名。（D，T-2-25-01） * 只要努力跑就可以第一名了。（D，T-2-25-02） * 我希望我下次可以繼續拿下金牌，希望只要努力就可以成功。（D，T-2-25-03）
2-26	* 在學校上課時，大部分的人都想睡覺吧！不過，我覺得音樂課大家都變的很有活力，老師都會把氣份炒熱讓大家很開心。（C，T-2-26-01） * 我最喜歡的下課時總是來的快去的也快，可是下課時也可以準備下一堂要用的課本、用具，也可以跟同學聊天增進朋友間的友情和友誼。（C，T-2-6-02） * 老師從五年級卜學期第一次月考發現有很我都不會的東西。（C，T-2-26-03） * 雖然第二次月考我只進步了一點點，不過第三次考試雖然沒有拿到進步獎，不過這是我五年級以來最好的成績。（C，T-2-26-04） * 進去之後，消防叔叔就說一些不能玩火、玩火之後會怎樣，在消防局裡面有很多可以體驗大家也都玩的很開心。（D，T-2-26-01） * 我原本想看電視來引開我的害怕和恐懼的。（D，T-2-26-02） * 第一次可以有很多次，不過做了那麼多的第一次，這些是我印像最深課的第一次。（D，T-2-26-03）

2-27	* 在所有的課程中，我最喜歡的課程是電腦課，因為電腦課讓我學到了許多有關於電腦的知識和常識。讓我可以回家自己操作電腦（C，T-2-27-01） * 雖然所有的同學中，有討厭的同學，也有喜歡的同學，不過我會和同學好好相處的，這樣人緣才會變好。（C，T-2-27-02） * 騎腳踏車有很多的樂趣，但我還不會騎腳踏車時卻很羨慕那些會騎腳踏車的人。（D，T-2-27-01） * 我站起來紀練騎。（D，T-2-27-02） * 現在我腳踏車騎得很好。（D，T-2-27-03）
2-29	* 在電腦課我學到許多有關電腦的東西，使我在家如果用到有關電腦的東西，我都可以自己完成。（C，T-2-29-01） * 以輪流的方試來介紹自己，我是比較後面的。（D，T-2-29-01） * 我的心情又高興又驚呀。（D，T-2-29-02） * 在我二年級下學期第三次月考。（D，T-2-29-03）
2-30	* 我們學校的操場對我來說是還蠻大的。（C，T-2-30-01） * 我們上體育課打羽毛球都在風雨球場上課，超好玩的。（C，T-2-30-02） * 風雨球場外面有個廚房，每次煮的菜都好豐盛，而且又健康，所以我最喜歡吃學校煮的菜了。（C，T-2-30-03） * 大家只要聽到下課鐘響，就馬上想到老師說「下課」這兩個字。只要老師說「下課」的時候，大家全都不見了（C，T-2-30-04） * 像我都會在教室裡寫功課，如果我寫完功課的話，我就會跟同學一起聊聊天。（C，T-2-30-05） * 第一次游泳應該是三年級升上四年級放暑假的時候吧。（D，T-2-30-01） * 在來練習到自由式時，竟然要換到大池。（D，T-2-30-02） * 到了明天，我都沒有溺水喔。（D，T-2-30-03） * 接下來是學仰式，我超緊張的，可是我還是一定要學會。（D，T-2-30-04）

2-31	* 我目前就讀的學校叫──××國小，不但外型美麗，裡面的空氣也新鮮，而裡面最讓我深刻的是尿尿小童，因為是借由風力來噴尿，所以令我感到神奇。（C，T-2-31-01） * 我最喜歡上的課程就是社會課了！因為不但能了解臺灣的歷史，還能知道有現在的成果是先人努力而換來的。（C，T-2-31-02） * 在學校的生活中我最要感謝的人就是校長、工友伯伯、警衛先生和所有的老師，所以我在校最大的收穫就是吸收了許多知識，讓我覺得非常快樂。（C，T-2-31-03） * 我小時後，常去第一牙醫看牙齒。（D，T-2-31-01） * 每個人的第一次，雖然有可能失敗，不過那只是一次經驗。（D，T-2-31-02）
2-32	* 我最喜歡上的國語課，我上這堂可以讓我學到很多的字、修辭、文法，我超愛上國語課，上國語課讓我的知識多多。（C，T-2-32-01） * 我下課最喜歡的地點是教室。（C，T-2-32-02） * 所以教室是個瞞不錯的地點，而且上課也不用擔心會遲到和各種的其它的問題。（C，T-2-32-03） * 我猜學校每一個人都很喜歡我們的校園吧！就算是討厭也不是到非常討厭，因為學校可以吸收到很多的芬多精，學校的品質也很好。（C，T-2-32-04） * 而且老師教學生的態度很好，一定負責到底。（C，T-2-32-05） * 我在學校最感謝的當然是我一到六年級努力教導我的導師們，還有其他科目的老師們。（C，T-2-32-06） * 雖然那次得了第二名，只是那時比較幸運而已。（D，T-2-32-01） * 難道你或你不會嚇了一大跳嗎？那時真好玩，超多飛行的蝙蝠（D，T-2-32-02） * 我覺得模範生是給成績很好的人去當。（D，T-2-32-03） * 我跟我的家人說時他們都不敢相信，連我自己都不敢相信，何況是我的父母呢？。（D，T-2-32-04）

2-33	* 我們××國小裡，有著許多老師，還有天真無邪的小朋友們，笑容中帶著陽光，給人一種勇氣。（C，T-2-33-01）
	* 我最喜歡電腦課，這堂課裡，老師細心的教導，也聽老師的指示，一步一步慢慢弄，讓我知道電腦的更多用處（C，T-2-33-02）
	* 在運動中，有助於身體健康，使得強壯，也讓我知道更多運動，但是不能太過於激動，也有可能造成反作用。（C，T-2-33-03）
	* 現在經濟不好，也許以後長大後也是這樣如果就算有你找不到的工作。（D，T-2-33-01）
	* 人家不喜歡做的事情，也不要硬要他做。（D，T-2-33-02）
2-34	* 校長知道大家上完體育課時，都會汗流浹背的，容易感冒，所以設立了風羽球場，這樣就不容易流汗，有不會感冒了。（C，T-2-34-01）
	* 每次等到星期五，我就最喜歡上電腦課了。（C，T-2-34-02）
	* 每次下課時，都要用衝的去合作社，穿上制服開門讓大家進去買東西。（C，T-2-34-03）
	* 在學校的生活中我要感謝的是老師，老師教了我們很多知識，雖然非常的嚴格、困難，不過卻讓我們更進步。（C，T-2-34-04）
	* 像我四年級剛轉過來××國小時。（D，T-2-34-01）
	* 當老師在選人時突然老師叫我去試試看。（D，T-2-34-02）
	* 不過我還是把故事說玩了，現在只能等成績了。（D，T-2-34-03）
	* 真不敢相信，不過太好了我的努力終於有代價了。（D，T-2-34-04）
	* 最後我們用衝的，真是太驚險了好險我們有坐上車。（D，T-2-34-05）
	* 冬天會有寒冷的風吹來吹去，所以冬天人都很少在買冰吃（D，T-2-34-06）

2-35	* 學校的廚房不但可以提供午餐給××國小還可以提供給○○國小吃。（C，T-2-35-01） * 下課的時候我喜歡和朋友一起渡過，我喜歡和好朋友在一起，這樣讓我的心很快樂又輕鬆。（C，T-2-35-02） * 在學校的生活可說是多采多姿，不過有時也被課業壓的喘呼呼，可說是憂喜參半，非常感謝老師不辭辛勞的教導我們，也非常謝謝我的好朋友們，感謝你們一路上陪著我成長。（C，T-2-35-03） * 人們紛紛到便利商店買思樂冰，這就是夏天最好的享受。（C，T-2-35-04） * 令我第一個難忘的第一次是我第一次出國。（D，T-2-35-01） * 深怕一個不小心算錯了答案就整題都錯了。（D，T-2-35-02） * 怕明天的成績一公布，跟我期待的會有落差，不知幾家歡樂幾家愁。（D，T-2-35-03） * 心情無法放開，儼然就像戰敗的公雞。（D，T-2-35-04） * 也結束了我人生第一次出國競賽令人難以忘懷的經驗。（D，T-2-35-05）

社會科學類　PF0054　東大學術 30

原住民與漢族學童作文病句比較探討

作　　者 / 曾振源
責任編輯 / 孫偉迪
圖文排版 / 鄭佳雯
封面設計 / 蕭玉蘋

發 行 人 / 宋政坤
法律顧問 / 毛國樑　律師
印製出版 / 秀威資訊科技股份有限公司
　　　　　114 台北市內湖區瑞光路 76 巷 65 號 1 樓
　　　　　電話：+886-2-2796-3638　傳真：+886-2-2796-1377
　　　　　http://www.showwe.com.tw
劃撥帳號 / 19563868　戶名：秀威資訊科技股份有限公司
　　　　　讀者服務信箱：service@showwe.com.tw
展售門市 / 國家書店（松江門市）
　　　　　104 台北市中山區松江路 209 號 1 樓
　　　　　電話：+886-2-2518-0207　傳真：+886-2-2518-0778
網路訂購 / 秀威網路書店：http://www.bodbooks.tw
　　　　　國家網路書店：http://www.govbooks.com.tw
圖書經銷 / 紅螞蟻圖書有限公司
　　　　　114 台北市內湖區舊宗路二段 121 巷 28、32 號 4 樓
　　　　　電話：+886-2-2795-3656　傳真：+886-2-2795-4100

2011 年 1 月 BOD 一版
定價：290 元

國家圖書館出版品預行編目

原住民與漢族學童作文病句比較探討 / 曾振源著.
-- 一版. -- 臺北市：秀威資訊科技, 2011.1
　　面；　　公分. -- (社會科學類；PF0054)
BOD 版
ISBN 978-986-221-655-2(平裝)

1. 漢語教學 2. 作文 3. 句法 4. 比較研究 5. 小學
教學

523.313　　　　　　　　　　　　　99020443

讀者回函卡

感謝您購買本書，為提升服務品質，請填妥以下資料，將讀者回函卡直接寄回或傳真本公司，收到您的寶貴意見後，我們會收藏記錄及檢討，謝謝！
如您需要了解本公司最新出版書目、購書優惠或企劃活動，歡迎您上網查詢或下載相關資料：http:// www.showwe.com.tw

您購買的書名：＿＿＿＿＿＿＿＿＿＿＿＿＿＿＿＿＿＿＿＿＿＿＿

出生日期：＿＿＿＿＿年＿＿＿＿＿月＿＿＿＿＿日

學歷：□高中 (含) 以下　　□大專　　□研究所 (含) 以上

職業：□製造業　□金融業　□資訊業　□軍警　□傳播業　□自由業
　　　□服務業　□公務員　□教職　　□學生　□家管　□其它＿＿＿

購書地點：□網路書店　□實體書店　□書展　□郵購　□贈閱　□其他

您從何得知本書的消息？

　□網路書店　□實體書店　□網路搜尋　□電子報　□書訊　□雜誌
　□傳播媒體　□親友推薦　□網站推薦　□部落格　□其他＿＿＿＿＿

您對本書的評價：(請填代號　1.非常滿意　2.滿意　3.尚可　4.再改進)

　封面設計＿＿＿　版面編排＿＿＿　內容＿＿＿　文／譯筆＿＿＿　價格＿＿＿

讀完書後您覺得：

　□很有收穫　□有收穫　□收穫不多　□沒收穫

對我們的建議：＿＿＿＿＿＿＿＿＿＿＿＿＿＿＿＿＿＿＿＿＿＿＿

＿＿＿＿＿＿＿＿＿＿＿＿＿＿＿＿＿＿＿＿＿＿＿＿＿＿＿＿＿＿＿＿

＿＿＿＿＿＿＿＿＿＿＿＿＿＿＿＿＿＿＿＿＿＿＿＿＿＿＿＿＿＿＿＿

＿＿＿＿＿＿＿＿＿＿＿＿＿＿＿＿＿＿＿＿＿＿＿＿＿＿＿＿＿＿＿＿

11466
台北市內湖區瑞光路 76 巷 65 號 1 樓

秀威資訊科技股份有限公司　　　收

BOD 數位出版事業部

....

（請沿線對折寄回，謝謝！）

姓　　名：＿＿＿＿＿＿＿＿＿＿　年齡：＿＿＿＿＿　性別：□女　□男

郵遞區號：□□□□□

地　　址：＿＿＿＿＿＿＿＿＿＿＿＿＿＿＿＿＿＿＿＿＿＿

聯絡電話：(日) ＿＿＿＿＿＿＿＿＿＿＿ (夜) ＿＿＿＿＿＿＿＿＿＿＿

E-mail：＿＿＿＿＿＿＿＿＿＿＿＿＿＿＿＿＿＿＿＿＿＿